Wohin?
Warum?
Wie war's?

Schottland

**Auf den Fährten von
Harry Potter, James Bond
Theodor Fontane
Bonnie Prince Charlie**

**Ute Fischer
Bernhard Siegmund**

Ein Buch aus dem

Redaktionsbüro Fischer + Siegmund

In den Rödern 13

64354 Reinheim

Fotos: Fischer 28, Siegmund 28, wikipedia 2,
Das Buch wurde nach bestem Wissen zusam-
mengestellt. Für die Richtigkeit der beschriebe-
nen Angaben wird keine Gewähr übernom-
men.

ISBN: 978-3-7494-7878-1

Herstellung und Verlag: BoD - Books on Demand,
Norderstedt

Schottland

Von Edinburgh zur Insel Skye

Schottland ist einer jener Sehnsuchtsorte, die sich nicht mit wenigen Worten begründen lassen. In Dokumentationen über die weiten Landschaften, die grünen Täler mit nur vereinzelten Häuschen, die Bäche, Flüsse und Wasserfälle und die idyllischen Highlands mit ihren aufregenden Geschichten von treuen Vaterlandskämpfern und robusten Recken erzeugen zusammen mit der berühmten Dudelsackmusik eine Symbiose aus Abenteuer, Heimatliebe und trauter Einsamkeit. In meinen Bildern von Schottland gab es anfangs ausschließlich Schafe auf unendlichen Weiden, durchzogen von quirligen Bächen und untermalt von Dudelsackklängen. Warum fährt man nach Schottland? „Meilen und Meilen lavendelfarbene Einsamkeit" notierte Virginia Woolf in ihr Tagebuch, als sie 1938 Schottland bereiste. Wir kamen im Juni zu früh für das „Lavendelfarbene", aber auch zu früh für die sprichwörtlichen Mückeninvasionen. Doch rechtzeitig genug, um uns an den blühenden Ginsterbüschen zu erfreuen, die teils wie Girlanden an Straßen und Wegen entlangwogten. Auch die riesigen Rhododendrenbüsche erblühten mit ihrer Farbenpracht in Rosa bis Rosenrot.

Doch in meinem Kopf spukte Schottland noch anders. Vor zwei Jahrzehnten besuchte ich bereits einmal die südliche Grenze zu Schottland. Zusammen mit einer Gruppe Reisejournalisten radelten wir von New Castle an der englischen Ostküste entlang des Hadrian Walls, jener Römischen Grenze, die bei uns Limes heißt. Die Route erwies sich wegen vieler Berge und reichlich Wind als sehr anstrengend. Das mistige Wetter, die rauen und ruppigen Wege forderten uns zusätzlich heraus. In der Luft schien noch immer der Kohlestaub der schon geschlossenen Minen zu schweben. Aber die Geschichten, die wir unterwegs hörten, klangen so aufregend und schauerlich, dass mein Interesse dafür nie erlosch. Es ging darin viel um die schottischen und englischen Grenz-Bewohner, Border Reivers genannt, die sich vom späten 13. Jahrhundert bis zu Beginn des 17. Jahrhunderts bandenmäßig zusammenschlossen. Beidseits der Grenze überfielen sie die Bewohner, raubten sie aus und holten alles, was sie gebrauchen konnten, vor allem Vieh und vor allem Frauen, auch um Lösegeld zu erpressen.

Die Haltung der schottischen und englischen Regierungen beiderseits der Grenze schwankte damals zwischen Nachsicht und Unterstützung.

Nachdem Schottland und England sowieso ständig versuchten, ihre Territorien zu schützen und neue hinzu zu erobern, stellten diese Grenzbanditen auf eigene Faust eine erste Verteidigungslinie dar, die man nicht bezahlen musste. Andererseits wurden Angriffe und Gesetzlosigkeiten der jeweils gegnerischen Seite oft gnadenlos geahndet. Trotzdem nahm das Bandentum dermaßen überhand, dass Strafen, Enteignungen und Hinrichtungen der Sache ein Ende bereiteten. Die letzten vom Gesetz übersehenen Reivers flüchteten nach Amerika. Ihre Namen kennzeichnen sie heute noch als Abkömmlinge jener Grenzrabauken. Namen wie Graham, Elliot, Nixon und Kerr brandmarken sie für immer; auch der Name Armstrong gehört dazu, wovon es Neil Armstrong mit seiner Mondlandung zumindest in Kilometern am weitesten brachte.

Unseren Reiseveranstalter fanden wir im Internet. So viele Angebote für Schottland gibt es gar nicht. Und wir suchten auch noch gezielt eine Studienreise, um uns von kompetenten Reiseleitern alles Besondere an Schottland zeigen zu lassen. Eigentlich kam nur einer in Frage, der zugleich elf verschiedene Varianten anbot. Ausschlag gab für uns dann eine Reisezeit von acht Tagen und die Aussicht auf eine kleine Gruppe mit maximal 15 Teilnehmern. Das hörte sich gut an. Da konnten wir damit rechnen, dass auch individuelle Wünsche berücksichtigt werden.

Es geht los

Weil wir ein Bahnticket, vorweisen können, ermäßigt sich das Parkticket im P+R-Parkhaus am Hauptbahnhof Darmstadt auf 26 Euro, immerhin für acht Tage. Das ist bequemer und sicherer als mit dem Bus, der zurzeit weitläufig Baustellen umfahren muss. Da weiß man nie, ob der Airliner rechtzeitig zu erreichen ist. Und wir wollen ja auch nicht unnötigerweise herumstehen, wenn wir morgens länger schlafen könnten.

Der Abflug 11.05 Uhr, also um 9.05 Uhr da sein. Mit dem Airliner geht das bis 9.15 Uhr. Auch gut. In Darmstadt beginnt der Himmel zu flimmern. 34 Grad Celsius sind avisiert. Der Dresscode vor dem Bahnhof sieht nach halbnackt aus. Wir scheinen die einzigen, die ihre Klepperjacke um den Bauch gebunden tragen. Denn: Wir fliegen nach Schottland. Das bedeutet kühleres Wetter und hoffentlich nicht zu viel Regen, Regen, Regen.

Wir hätten bereits am Vorabend via Internet einchecken können. Weil aber unsere beiden

Drucker zurzeit außer Gefecht sind und wir also keine Boarding-Card ausdrucken könnten, machen wir es auf die herkömmliche Tour. Dazu steht uns gleich nach der Ankunft eine automatische Lufthansa-Eincheck-Station im Weg. Es geht ganz einfach: Name eingeben, Buchungsnummer, Ausweis zum Scannen einlegen. Schon wächst die Boardingcard aus dem Automaten. Bei Bernhard klappt das irgendwie nicht. Vielleicht liegt es daran, dass er schon einen neuen Scheckkarten-Personalausweis hat? Jedenfalls fragt der Automat umständlich nach seinem Geburtsdatum, Geburtsort und stellt noch ein paar unnütze Marketingfragen. Dann bekommt auch er seine Boardingcard. Zehn Meter weiter können wir unser Gepäck aufgeben. Auch hier läuft alles vollautomatisch: Q-Code an das Lesegerät halten; dann spuckt es den Kofferanhänger aus, den wir selbst anbringen müssen. Ein Lufthansa-Mitarbeiter korrigiert mich: Der Anhänger muss an die Breitseite nicht an die Längsseite. Ich verstehe auch warum; weil eine Barriere den Weitertransport zu hoher senkrecht stehender Koffer verhindert.

Weiter zur Handgepäckkontrolle. Schnell das restliche Wasser austrinken. Mein übliches Joke-Angebot, nicht nur den Gürtel, sondern gleich die ganze Hose auszuziehen, wird ignoriert. Schade. Die verstehen keinen Spaß. Bei unserem letzten Abflug nach Marokko hatte mich einer der Kontrolleure doch tatsächlich breitgrinsend aufgefordert: „Na, machen sie doch mal." Neu: Wir müssen unsere in den Taschen verstauten Fotoapparate extra in die Transportschale legen. Bernhard wird genötigt, selbst sein Stoff-Taschentuch aus der Cargohose zu holen und vorzuzeigen. Passkontrolle. Keine Auffälligkeiten.

Die A 321 nach Edinburgh ist proppenvoll. Die gestrige Maschine war wegen schwerer Wetter ausgefallen. Wir hatten das in unserem Garten toll miterlebt. Die gerade fertig gedeckte Kaffeetafel für meine Geburtstagsgäste verteilte ein Sturm im Garten, der auch noch Blumentöpfe umwarf, die Garten-Abfallkörbe leerte und alles durch die Gegend blies.

Der Flieger kommt zu spät und so addiert sich zu unserer Abflugzeit eine halbe Stunde. Wir betrachten es als Beschäftigungstherapie, dass sie uns am Gate erneut kontrollieren und unsere Boardingcard mit einem roten Stempelchen verzieren. Später erzählt der Kapitän, dass die Crew wegen des Unwetters aus unterschiedlichen Orten zusammen geführt werden musste. Auch bei deren Anreisen habe es Verspätungen gegeben. Das Timbre des Flugkapitäns, ein tiefer Bass, flößt Vertrauen ein. Ich stelle ihn mir mit grauen Schläfen, Vollbart und drahtiger Figur mit leichtem Bauchansatz vor.

Wir sitzen in Reihe 11, eine Reihe hinter dem Notausstieg, wo sich Fluggäste mit langen Beinen einmieten können. Die Stewardess serviert sehr gut gemachte Sandwiches mit Käse oder wahlweise Putensalami, das alles auf einer Unterlage aus Rührei mit Frischkäse. Saftig und wohlschmeckend!

Das Flugzeug ist vollkommen ausgebucht. Der Steward bittet uns deshalb, das Handgepäck „ausnahmsweise" unter den Vordersitzen zu platzieren. Im ruhigen Flug gleiten wir über die Nordsee. Die Luft ist klar und weitgehend wolkenlos, so dass wir sogar Schiffe sehen können.

Edinburgh. Ein kleiner überschaubarer Flughafen. Während wir auf unser Gepäck warten, sondieren wir schon mal die Mitreisenden. Wer hat den gleichen Kofferanhänger wie wir? Hinter uns steht ein Mann mit einer Mappe, auf der der Name des Veranstalters prangt. Aha, das muss unser Reiseleiter Martin Graue sein. Herr Graue? Er nickt. Aber dann ist er auch schon wieder verschwunden. Wir treffen ihn am Ausgang, wo sich schon ein kleines Rudel

Gäste versammelt hat. Laut Plan sind wir neun Personen, haben wir mit dem Begleitbrief zu unserem Ticket-Voucher erfahren. Wir sind aber nur acht. Graue telefoniert. Dann wird klar, die Dame aus Berlin konnte nicht rechtzeitig abfliegen. Warum, werden wir noch erfahren. Sie ist jedenfalls nicht schuld.

Auf einem überdachten Weg machen wir uns auf zum Bus. Der riesige Bus für 50 Personen ersetzt den für uns geplanten kleineren, der wegen eines Schadens erst am nächsten Tag zur Verfügung steht. Egal. Wir sitzen fast alle Vorne. Und los geht es zum berühmten Firth of Forth. Dieser riesige Fjord schnürt Schottland auf der Höhe von Edinburgh und Glasgow ein, als sei es mit einem Gürtel von England abgebunden.

Edinburgh

Die kleine Hauptstadt am Rande Europas beherbergt rund 500.000 Einwohner. Ganz offiziell teilt sie sich auf in die mittelalterliche verwinkelte „Old Town" rund um Edinburgh Castle und die „New Town", die Ende des 18. Jahrhunderts geometrisch und im georgianischen Stil erbaut wurde. Darüber später mehr.

Die Brücken über den Firth of Forth

Es gibt drei, die schon von weitem zu sehen sind. Eine beeindruckender als die nächste. Und deshalb machen wir auch gleich einen Fotostop am Orocco Pier. Von dort öffnet sich ein Panorama-Blick auf alle drei Brücken. 1890 entstand die gewaltige viktorianische Forth Railway Bridge. Die rot angestrichene Stahlkonstruktion führt mit einer Länge von 2,5 Kilometern in 45 Metern Höhe über das Wasser.

Es dauerte allerdings 30 Jahre bis der erste Zug über diese Brücke fuhr. 1860 begann die North British Railway mit Probebohrungen für eine von Thomas Bouch entworfene Kettenbrücke. Der Bau wurde wegen wirtschaftlicher Veränderungen von der Eisenbahngesellschaft fallen gelassen.

1873 wurde die Forth Bridge Company gegründet, um eine ebenfalls von Thomas Bouch entworfene Kettenbrücke mit zwei je 488 m (1600 ft) weiten Öffnungen zu bauen. Erst weitere sechs Jahre später war der zentrale Pfeiler auf Inchgarvie in Arbeit. Am 28. Dezember 1879 stürzte die ebenfalls von Thomas Bouch entworfene Firth-of-Tay-Brücke bei Dundee ein. Alle weiteren Arbeiten wurden daraufhin eingestellt. Die Untersuchung der Unglücksursachen erschütterte das Vertrauen in die von

Thomas Bouch geplanten Brücken so sehr, dass man eine vollständig neu geplante Brücke für erforderlich hielt.

Ihre Erbauer: Sir John Fowler und Sir Benjamin Baker bedienten sich bei der Konstruktion des „Gerberträger-Prinzips". Mit dieser Erfindung des Hofer Bauingenieurs Heinrich Gottfried Gerber lassen sich größere Spannweiten einfach und sicher berechnen und ausführen. Darauf ist die gebürtige Hoferin Ute Fischer natürlich besonders stolz. Die Gerberträger sahen die Auftraggeber offensichtlich ziemlich skeptisch. Jedenfalls scheuten die Erbauer keine Mühe, um das sichere Konzept anschaulich zu vermitteln.

Seit 2015 zählt die Railway Bridge zum UNESC0-Welterbe. Weil ihr Anstrich mit roter

Antirostfarbe so lange dauerte, dass man am Ende sofort erneut beginnen musste, nennen die Edinburgher scheinbar endlose Jobs „Painting the Forth Bridge"; auf gut Deutsch: Wenn du hinten fertig bist, kannst du vorne wieder beginnen. Der Bau dieser Brücke machte die Fährschiffer arbeitslos, die bis dahin den Transport von einem Ufer zu anderen be-

werkstelligten.

1964 eröffnete dann die ebenfalls 2,5 Kilometer lange Forth Road Bridge für Autos, Radler und Fußgänger. Über die verlassen wir Edinburgh noch mit einem fast sehnsüchtigen Seitenblick nach Links auf die Queensferry Crossing, die Dritte über den Firth of Forth. Es gibt sie erst seit 2017 und sie ist mit 2,6 Kilometern die längste Schrägseilbrücke der Welt. Ihre 192

Stahlseile haben einen Durchmesser von 44,5 und 52,4 Millimeter und sind fotografisch aus der Ferne – als wären es Harfensaiten - nur schwer auszumachen. Ähnlich wie ihr Vorbild - die Golden Gate Bridge in San Francisco – versprachen sich die Erbauer einen hohen touristischen Wert.

Wir befinden uns auf der vierspurigen Straße

E15 auf direktem Weg in Richtung Perth. Also keine Chance, einen Blick auf Linlithgow zu werfen, wo im ersten Stock des Linlithgow Palace am 5. Dezember 1542 Maria Stuart geboren wurde. Sir Walter Scott (1771 bis 1832), schottischer Dichter, Verleger und einer der meistgelesenen Autoren seiner Zeit) schrieb dazu dieses Gedicht:

Schottland hat Schlösser, Hof und Hall'
Und Burgen und Paläste,
Linlithgow aber schlägt sie all
Und ist das schönste, beste:
Ei, wenn im Mai die Knospe springt,
Wie lustig da die Amsel singt
In Garten, Oark und Wald,
Der Hänfling zwitschert in der Näh,
Das Wasserhuhn taucht in den See -
Säh ich dich wieder bald.

Man kann nicht alles haben. Auch Stirling, knapp 50.000 Einwohner groß und von Theodor Fontane wegen seines Castles und einem „Gewirr an hügelan steigenden Straßen und Gassen" mit Edinburgh verglichen, liegt – so Martin Graue - wenigstens 100 Kilometer von unserer Route entfernt. Hatte ich wirklich gehofft, Fontanes Route einigermaßen nachverfolgen zu können? Immerhin lagen über 170 Jahre zwischen seiner und unserer Reise. Aber ein bisschen träumen darf ja erlaubt sein.

Theodor Fontane und wir

Sein 1860 erstmals erschienener Reisebericht „Jenseit des Tweed" liest sich – sensibel in die heutige Schreibweise versetzt - wie die Bücher unserer Machart. Freilich, auch Fontane (1819 bis 1898) war zu jener Zeit als Journalist und Korrespondent in England tätig und wie wir ergänzte er seine Erlebnisse vor Ort mit geschichtlichen Hintergründen, auch mit Gedichten und Zitaten und subjektiven Beobachtungen seiner Mitreisenden und Reisebegegnungen. Freilich maßen wir uns nicht an, es einem Fontane gleich tun zu können. Aber ich fühle, dass wir während der Nachrecherche für dieses Büchlein mehr als bisher versuchen werden, Geschichten hinter der Geschichte zu finden und zu erzählen. Das verspricht schon jetzt eine spannende Sache.

Bei der Gelegenheit gleich eine Vorwarnung an diejenigen, die mit uns reisten und sich freilich nur mit Vornamen wiederfinden. Es sei uns gestattet, sie und bestimmte Vorgänge und Ereignisse nach subjektivem Empfinden auszuschmücken, ähnlich wie eine Karikatur, die mit der Kraft der sanften Übertreibung Alltägliches witziger und interessanter erscheinen lässt. Es liegt sowieso alles im Auge des Betrachters. Unsere Fantasie ist manchmal – je nach Konsummenge von Rotwein - nahezu grenzenlos.

Zu Fontanes Zeiten gab es natürlich keinerlei Brücken über den Firth of Forth. Zumal er sowieso nicht nach Dunkeld wollte, wie wir, sondern nach Sterling, machte er sich mit einem Dampfschiff auf dem River Forth auf den Weg. Wir werden vermutlich auf der Heimreise aus dem Bus heraus einen Blick auf Fluss, Sterling und Linlithgow werfen können.

Die E15 erinnert ein bisschen an die Straßen auf den Azoren. Dort schwelgten die Straßenränder mit dem Weiß und Blau üppiger Hortensien; hier sind es farbenprächtige Büsche von Rhododendren in vielen Rot- und Rosafarben und leuchtendem Ginster. Und das an der Autobahn. Herrlich fürs Auge. Lowland nennt sich die Landschaftsform im Vergleich zu den Highlands. Ja, es ist flach, fast karg, die ehemaligen Bäume wurden für den Schiffbau gebraucht und nie wieder nachgepflanzt. Ganze Wälder wurden so abgeholzt und teilweise auch abgefackelt in den unzähligen Schlachten zwischen Engländern und Schotten. Einige Felder sind mit Folie bedeckt. Was da wächst, wissen wir nicht. Für Spargel ist es zu flach. Eventuell Erdbeeren?

Birham und Dunkeld

Mit sieben Bogen verläuft seit 1809 die Brücke von Birham nach Dunkeld über den River Tay und verbindet beide Orte. Ursprünglich war es eine Zollbrücke, die erst freies Geleit bot, als die Kosten nach rund 50 Jahren abbezahlt waren. Ihr Erbauer Thomas Telford gilt als einer der ersten modernen Bauingenieure. Zwischen

1803 und 1822 konstruierte und erbaute er auch die Verbindungsstücke des Kaledonischen Kanals und verband 1826 das Walisische Festland mit der Insel Anglesey durch die Menai-Brücke, 176 Meter lang, damals die erste Hängebrücke der Welt. Telford war auch am Bau des schwedischen Göta-Kanals beteiligt.

Unser Hotel liegt direkt an der Tay-Brücke. Der Name verrät schon, in welchem Hoheitsgebiet wir uns befinden: Atholl Arms, die Waffen des Atholl, wobei Atholl der Name dieser Region ist. Der „Earl of Atholl" ist ein erblicher britischer Adelstitel, den es seit dem 13. Jahrhundert gibt und der mehrfach innerhalb von Familien und Stämmen wechselte. Die Historie der letzten Dukes von Atholl werden wir auf Blair Castle genauer kennenlernen.

Wir beziehen unsere Zimmer und treffen uns nach 30 Minuten wieder in der Lobby zu einem Rundgang durch Dunkeld. Noch immer fehlt die Dame aus Berlin, sie sei aber bereits mit dem Taxi unterwegs, hören wir. Also laufen wir zu Acht hinter Martin Graue los.

Dunkeld diente schon um 850 als eine der Residenzen des piktischen Königs Keneth Mac-Alpin. Der Heilige Columba, der Schottland von Irland aus christianisierte, errichtete im 6. Jahrhundert eine Siedlung, zu der in keltischer Zeit eine Abtei entstand. Angeblich sei Columba auch hier begraben. In der Ortsmitte steht das Atholl Memorial, ein gewaltiger, nahezu fünf Meter hoher Brunnen mit gotischen Elementen, dessen Spitzturm eher an eine Kapelle erinnert. Weiße Fischlaibe, Vögel, Teufelsfratzen und Löwenköpfe, aus denen wohl früher Wasser sprudelte, runden das Bild.

Die sogenannten kleinen viktorianischen „whitewashed houses" scheinen alle aus dem 17. Jahrhundert zu stammen; freilich renoviert und bewohnt, mit spitzen Dächern und maximal zweistöckig, als wollten sie neben der naheliegenden Kathedrale untertänig gelten. Die gotische Kathedrale sieht von Vorne bescheiden schmal wie eine Dorfkirche aus. Erst als wir das Parktor durchschreiten, zeigt sich

das riesige Ausmaß des ehemaligen Gotteshauses. Es wurde 1318 begonnen und kurz vor der Vollendung 1560 von den Reformatoren zerstört. Das dachlose Kirchenschiff und der große Nordwestturm stammen aus dem 15. Jahrhundert. Nur der Chor dient heute als Pfarrkirche. Die Kathedrale zählt zu den wichtigsten und schönsten Kirchen und besteht trotzdem zu zwei Dritteln nur aus einer Ruine, die den Unbilden des Wetters preisgegeben ist.

Wir spazieren durch den Park der Kathedrale, der direkt an den River Tay grenzt. Er fließt mit kräftiger Strömung zur Brücke hin. Ein Angler, der sein Boot mit zwei Ankern gesichert hat, versucht sein Glück mitten im Fluss. Herrlich alte und dicke Bäume bilden im leisen

Nieselregen ein fast dichtes Laubdach. Es besteht aus seltenen Bäumen, die offensichtlich aus allen Kontinenten zusammengeholt worden sind. Zum Beispiel ein Monkey Puzzle Tree, den man erst seit dem 18. Jahrhundert in Europa kennt. Der Baum aus der Familie der Chilenischen Araukarie erhielt speziell in England diesen putzigen Namen, weil man meinte, dass ihn wegen der dolchartigen Blätter nicht einmal ein Affe erklimmen könne. Wir schreiten über eine Fläche, die man als englischen Rasen bezeichnen könnte: kurzgeschoren, dicht und weich wie ein Teppich. Aber nein, macht uns Graue aufmerksam, das sei selbstverständlich schottischer Rasen. Nebenan bemerken wir einen künstlich aufgeschütteten Hügel, der mit Palisaden eingerahmt ist. Solche Plätze dienten früher als Ausguck, um sich nähernde Feinde rechtzeitig zu erkennen.

Wir kehren zurück ins Hotel. Jetzt endlich werfe ich einen genaueren Blick auf die Zimmereinrichtung im ersten Stock. Die Zimmerdecke ist optisch dunkler abgesenkt. Die Stuckumrandung darunter hat Mühe, ihren Kontrast durch unzähliges Überstreichen überhaupt noch zur Geltung zu bringen. Eine grau karierte Decke liegt am Fußende des Doppelbettes. Die zwei wulstigen Federkopfkissen verbannen wir sogleich auf den Schrank. Hoffentlich hat da jemand vorher Staub gewischt. Nein. Karo, Fischgrat und Tweed bilden ein geografisches Patchwork-Muster auf den Zierkissen. Dazu passen die Bordüre über dem Fenster aus graugemustertem Schottenkaro und der Bodenbelag aus grobem Tweed. Im Badezimmer liegt großtäfeliges, dunkles Parkett.

Witzig: Ein Heizungsrohr von etwa 15 Zentimetern Durchmesser verläuft knapp über dem Boden durch Zimmer und Bad. Die großen 12-teiligen Sprossenfenster lassen sich hoch schieben. Draußen verläuft die Hauptstraße von Birnam nach Dunkeld. Entsprechend laut hört man die Autoreifen über das Kopfsteinpflaster rattern. Mal sehen, wie unruhig die Nacht wird. Vis á vis ein Bekleidungsgeschäft, das unter anderem ein Tweed-Jackett für einen Dreijährigen und Stoffhunde aus Tweed anbietet.

Wir treffen uns zum Abendessen in der Lobby. Jeder bestellt sich ein Getränk. Auch die verloren gegangene Dame trifft hinzu. Heike aus Berlin. Sie macht den Anfang bei der Vorstellungsrunde. Ihr erster Flieger nach Frankfurt sei ausgefallen, obwohl sie bereits im Flugzeug saßen. Erst vier Stunden später sei der nächste gegangen, der dann aber separat nach Edinburgh flog. In der Reisebeschreibung war bereits angekündigt, dass Reisende, die nicht wie die Hauptmeute bis mittags in Edinburgh ankämen, auf eigene Kosten für 120 Euro mit dem Taxi nach Dunkeld reisen müssten. Wie wir erfuhren, hatte Heike diese Summe aber vom Reiseveranstalter noch vor Ort erstattet bekommen. Für so etwas müssen die doch versichert sein.

Weiter in der Vorstellungsrunde Anna Maria und Jörn aus Burghausen, über München und Frankfurt angereist, Brunhilde aus Salzburg mit Schwester Erika aus Innsbruck, die zweite Heike mit Judith, der Tochter ihres neuen Lebensgefährten. Sie wollen sich auf dieser gemeinsamen Reise besser kennenlernen. Ich stelle mich frech als Helene Fischer vor. Das bringt alle zum Lachen; ich heiße tatsächlich so, allerdings mit dem Rufnamen Ute. Mein Mann Bernhard erklärt, dass wir trotz unterschiedlicher Familiennamen schon Silberhochzeit gefeiert hätten. Nachdem wir uns geeinigt haben, uns mit Vornamen anzureden, bleibt weniger auswendig zu lernen. Ohne weitere Absprache gehen wir alle nach und nach zum Du über.

Das Abendessen bietet alles, wonach dem Feinschmecker gelüstet: Lachs auf Risotto, dazu eine mit Kräutern verzierte Buttersoße, Fischcakes, Lamm-Gulasch; danach eine Lemon-Tarte oder Brownies mit Vanilleeis. Ein chilenischer Merlot auf der Speisekarte bietet uns alles, was wir lieben.

2. Tag

Wider Erwarten ist die Nacht sehr ruhig, als gäbe es keinen Autoverkehr zwischen Birnam und Dunkeld. Erst gegen Morgen, als wir sowieso munter sind, tönen wieder Geräusche harter Reifen auf grobem Kopfsteinpflaster in den ersten Stock.

Saßen wir am Abend noch an einem gemeinschaftlichen Tisch, sitzen wir jetzt an kleinen Zweiertischen. Auf dem schmalen Buffet befindet sich lediglich ein Korb mit Toastscheiben, ein Toaster mit Rundlaufheizung, Butter, Marmelade aus Bitterorangen, dicke Käsescheiben, dazu Cerealien für Müsli-Freaks, kandierte Ingwer-Stückchen und trockene Zwetschgen.

Die Speisekarte auf den Tischen offeriert uns eine köstliche Auswahl: Vom Drei-Eier-Omelett bis zum geräucherten Lachs, Rühreier, Bacon, poschierte Eier, gebratene Würstchen und Blackpudding, Ich liebe Blackpudding, diese gebratene Blutwurst, die sie hier auf der Insel viel magerer zubereiten als in Deutschland und dazu herzhaft mit Majoran würzen.

Vor der Hoteltüre erwartet uns noch immer ein Riesen-Bus. Der avisierte kleinere mit 20 Sitzen ist noch in Reparatur. Unser Busfahrer John trägt zu den angegrauten Schläfen einen rötlichen Pony, was ihm ein jugendliches, fast verwegenes Aussehen verleiht. Vorne beim Einstieg – wegen des Linksverkehrs natürlich auf der linken Seite - steht eine Schale mit Bonbons, an denen wir uns fleißig bedienen dürfen. Man werde immer für Nachschub sorgen. Und tatsächlich wird es bald zur Gewohnheit, beim Ein- und Ausstieg nach einem Bonbon zu greifen. Vor allem die weichen Karamell-Bonbons Marke „Plombenzieher" haben es mir angetan.

Wir fahren im strömenden Regen entlang des

Flusses Tummel durch Pitlochry. Außentemperatur 12 Grad Celsius. In diesem pittoresken Ort wird man uns nach dem Besuch von Blair Castle zum Shoppen entlassen. Den Wunsch hat zwar niemand geäußert, aber so sieht es zu unser aller Erstaunen das Programm vor. Als erstes fahren wir zum sogenannten Queens View, ein Aussichtspunkt hoch über dem Loch

Tummel, den schon Queen Victoria zum Entzücken gebracht haben solle. Unsere Fantasie reicht, um uns den lieblichen Blick auf den See mit den umgebenden Hügeln und Tälern bei Sonnenschein vorzustellen. Ein Geländer schützt vor dem Abgrund mit der wunderschönen Aussicht auf Loch Tummel, wie er sich begrenzt von Mischwald und grünen Auen bis zum Horizont schlängelt, erst gestoppt von den schroffen Bergen des Glen Coe. Dies sei 1866 einer der Lieblingsplätze der früh verwitweten Queen gewesen. Verbrieft ist das jedoch nicht. Über 500 Jahre früher, im 14. Jahrhundert schon, habe Isabel von Mar, die Frau des Schottenkönigs Robert the Bruce, sich in dieser Gegend versteckt und sei etliche Mal an Loch Tummel vorbeigekommen. Auch von ihr könne der Name stammen, munkeln die Textgeber einer gusseisernen Gedenktafel.

Wie zu erwarten trifft unser Riesenbus auf der schmalen nahezu einspurigen Straße mit sehr engen Kurven auf sperrigen Gegenverkehr. Gleich ein dicker Holzlaster, an dem John nach einer Orientierungsminute vorsichtig vorbeitastet. Als nächstes ein Bagger auf einem Hänger. Dann ein weiterer großer Bus. Zweifelnd schaue ich aus dem Fenster, wo sich links unter mir ein tiefer Abhang wie ein Schlund öffnet, der ins Loch Tummel mündet.

Hier jetzt eine kleine Verständigungshilfe: Loch = See, Glen = Tal, Ben = Berg

Im Bus erhalten wir von Martin Graue kleine Audio-Systeme in Beutelchen. Diese Empfänger mit Ohrhörern ermöglichen es ihm, uns durch Blair Castle zu führen, ohne andere Gruppen und Besucher überschreien zu müssen. Verständlich beschreibt er auch für technisch Unbegabte die Handhabung. Auch auf der Rückfahrt von Queens View zur Hauptstraße bremst uns Gegenverkehr mehrfach aus. Armer John. Er muss ganz schön kurbeln, damit sich die Fahrzeuge in Millimeterarbeit aneinander vorbeischieben. Regen prasselt auf das Busdach und gegen die Scheiben. Ach ja, wenn man an die letzte Sommerdürre in 2018 denkt, sind wir richtig versöhnt mit dem Sauwetter. Aber nun sind wir in Schottland. Die graugrüne Hölle draußen vor dem Busfenster tut unseren Augen irgendwie gut. Auch die kleinen weißen Steinhäuser mit je einem Schornstein an beiden Giebelseiten, wirken sehr gemütlich und typisch schottisch. Aber dauerhaft hier wohnen möchte ich nicht. Weit und breit keine Nachbarn, keine Geschäfte, keine Bank. Und auch mit dem WLAN stehe es hier nicht zum Besten hören wir; dazu sind die Highlands einfach zu wenig besiedelt.

Pass of Killiecrankie

Ein Schild weist zum „Pass of Killiecrankie". Hier oben auf 852 Metern Höhe und in der Schlucht über den River Garry tobte am 27. Juli 1689 die Schlacht der Engländer unter General Mackay gegen die Schotten, angeführt von John Graham of Claverhouse, Viscount

Dundee, von den Schotten bis heute Bonnie
Dundee genannt. Bei der Verfolgung der flüch-
tenden Engländer traf ihn eine verirrte Kugel
in der Achselhöhle, gerade als er triumphierend
die geballte Faust in die Luft erhob. Er starb
noch an Ort und Stelle. Wir lesen nachträglich,
dass hier ein Visitor Centre mit Dokumenten
und Zeichnungen über jene Schlacht und die
vielfältige Flora und Fauna am Pass informiert.

Auch Fontane reiste mit seinem Gefährten
Bernhard von Lepel über den Pass of Killiecrankie nach Inverness; allerdings wenig kom-
fortabel mit einer Kutsche, deren schwanken-
der Aufbau nur das Sitzen auf einer Arschba-
cke zuließ. Der Rest schwebte zusammen mit
hin-und-her-schwingenden Hutschachteln und
Reisesäcken in der Luft. Die Füße auch noch
auf dem Rücken von mitreisenden Hunden.
Das sei so anstrengend gewesen, dass die Plätze von Station zu Station getauscht werden
mussten, weil die Reisenden meuterten.

Der Weg durch die felsige enge Klamm, die
sich der River Garry im Laufe von Jahrmillio-
nen gefressen hatte, war dramatisch und hoch-
gefährlich, immer wieder belebt durch herab-
prasselnde Wasserfälle, schrieb Fontane. Einige
sehen wir auch. Aber auf der befestigten Straße
kommt uns diese Fahrt überhaupt nicht drama-

tisch vor. Dies alles sind Vorboten des Gebirgszuges Crampian, der sich diagonal durch Schottland zieht. Wir hören vom „Soldier's Liep", eine Engstelle über die Klamm mit dem schäumenden Garry, die ein englischer Soldat als letzte Rettung vor den Schotten übersprungen habe. Noch heute, so Martin Graue, werden Erinnerungen an jene Schlachten frenetisch von den Schotten gefeiert.

Blair Castle

Der Sitz der Familie Murray wurde 1269 von John Comyn, Lord of Badenoch, als einfache Burg erbaut. Familienoberhaupt ist der Duke of Atholl. Die Grafenwürde von Atholl wurde bereits im 10. Jahrhundert vergeben. Sie wechselte jedoch mehrfach und landete 1457 bei der Familie Murray. 1652 eroberte Oliver Cromwell die Burg. Aber Lord George Murray, der Bruder des 2. Herzogs von Atholl, belagerte sie, eroberte sie für die Familie zurück und erweiterte sie schrittweise zum heutigen Schloss. 1996 übertrug George Murray, der 10. Duke of Atholl das Schloss in eine Stiftung. Sein Cousin, der 11. Duke of Atholl, zeigte kein Interesse, sein Geburtsland Südafrika zu verlassen und nach Schottland umzuziehen. Auch der inzwischen 12. Duke lebt überwiegend in Südafrika. Lediglich die Halbschwester des 10. Dukes wohne noch im Schloss, hören wir vor Ort, eine Lady von circa 60 Jahren. Vergebens suche ich nach einem Portrait von ihr.

Im schon gewohnten Regen nähern wir uns dem weißen Schloss mit Türmen und Staffelgiebeln. Der 7. Herzog von Atholl erteilte in den 60er Jahren des 19. Jahrhunderts dem Architekten David Bryce den Auftrag, Teile des Schlosses und die Fassade im Baronialstil umzugestalten. Diese schottische Variante der Neugotik, eine Art Historismus mit wehrhaften und zugleich schmückenden Elementen wie Balkone und Türmchen, ist auch an Schloss Balmoral zu bestaunen.

Gleich der Eingangsbereich präsentiert die sensationelle Waffensammlung der Murrays, mit Musketen aus der Schlacht von Culloden, 1746,

als die Schotten endgültig von den Engländern niedergemetzelt wurden. Die diversen Dukes von Atholl hängen hier als Gemälde, auch Fotos der letzten Dukes, die in Südafrika leben.

Fotos dokumentieren, dass die Queen hier war, auch Prinz Charles mit seiner Frau Camilla.

Bemerkenswertes Mobiliar wurde aus Ginsterholz gearbeitet. Der Stamm ausgewachsener Ginsterbüsche hat nicht mehr als 15 Zentimeter Durchmesser. Wir sehen einen riesigen Whiskey-Behälter, ein sogenannter Quaich aus Silber, der vermutlich fünf Liter fasst. Im Sitting-Raum bestaunen wir Gobelinsessel, die von den adeligen Damen von Hand bestickt wurden, ebenso kleine Paravents, die die große Hitze der Kamine dämpfen sollten. Ob ein Quäntchen Wahrheit enthalten ist, dass verliebten Damen wegen des hohen Wachsanteils in ihrer Schminke dann und wann am Kamin „dahinschmolzen"?

Wir sehen noch umfangreiche Porzellansammlungen und einen mächtigen silbernen Tischaufsatz mit einem Hirsch. Hirsche seien die Haustiere von Blair Castle, hören wir. Und noch etwas Besonderes war den Atholls zu Eigen: Queen Victoria schenkte ihnen das Privileg, eine eigene Armee zu unterhalten. Sie sei bis heute die einzige legale Privatarmee Europas. Die farbenprächtige Parade der mit Tartans berockten Atholl Highlander fand allerdings schon vor einer Woche statt.

Wir erwischen tatsächlich die volle Stunde, die Zeit des Dudelsackpfeifers. In voller Montur steht er im leichten Nieselregen und lässt sein Instrument auf dem Schlosshof erklingen. Die auf und abschwellenden Melodien hallen bis in die Cafeteria, so dass wir instinktiv angezogen werden, das Schloss zu verlassen und dem Highlander zuzuhören. Die ganze Luft ist erfüllt von diesen Klängen, die doch nur ein einziger Mann erzeugt. Vermutlich muss man viele Jahre diese Musik hören, um die unterschiedlichen Melodien auseinander halten zu können. Für mich klingt alles gleich, wenn auch gleich schön. Wir fotografieren den „Piper" von allen Seiten. Dass er selbst spielt und die Musik nicht etwa vom Band kommt, sieht man an seinen Füßen, mit denen er sich abwechselnd den Takt vorgibt. Er spielt wenigstens zehn Minuten lang. Niemand klatscht.

Der Dudelsack

Angeblich wurde er nicht in Schottland erfunden; sondern die Römer hätten ihn mitgebracht und zwar als Instrument der Infanterie. Auch die Schotten benutzten ihn, um ihre Soldaten anzufeuern und den Gegner durch seine klagenden Rufe zu demoralisieren. Zwischendurch war er auch einmal verboten, zum Beispiel nach der Niederschlagung des letzten Jakobitenaufstands 1746 (Bonnie Prince Charlie undsoweiter). Seit dem 19. Jahrhundert, als viele Schotten auswanderten, erlebte er als Symbol der Heimat eine neue Renaissance. Die meisten britischen Regimenter unterhalten noch immer ihr eigenes „Regiment of Pipes and Drums".

Unseren Mittagshunger stillen wir in einer modernen, ans Schloss angebauten Cafeteria. Ich versuche eine Portion Highlander Pie, die sich als sehr gut gewürzte Pastete aus Lammhack mit einer überbackenen Kruste aus Kartoffelbrei entpuppt. Bernhard nimmt drei Würstchen mit Zwiebelsoße. Dazu genehmigen wir uns eine Miniflasche Merlot; zusammen 22,05 Pfund.

Im walled garden

Die verbleibende Zeit bis zur Abfahrt verbringen wir im anschließenden Herkulesgarten, wo sich tatsächlich eine steinerne überlebensgroße Herkulesskulptur auf eine dicke Keule stützt. Hier gibt es ein Törchen zum sogenannten „walled garden", eine von einer Mauer umsäumten Gartenanlage mit einem lieblichen See in der Mitte. Artig spazieren wir um das Karree, das erst neulich nach georgianischem Vorbild rekonstruiert worden ist.

Wir wissen, dass wir als letztes Ziel dieses Tages in Pitlochry zum „Shoppen von Wolle und Tweed" verdonnert werden. Wir tauschen unsere Scherze, dass wir hier wohl auf Shoppingtour seien. Hätte es bei Regen nicht ein Alternativziel geben können? Einen weiteren Garten? Ein Museum? Das Dorf Blair Atholl, von dem Fontane schrieb, sehen wir gar nicht. Dafür schreibt Fontane nichts von Blair Castle. So unterschiedlich können Reiseeindrücke sein, wenn man nicht zu Fuß geht, sondern gefahren wird.

Pitlochry

Okay, das ist wirklich ein pittoresker Ort mit hübschen kleinen, zum Teil mit Rosenstöcken verzierten Häuschen. Aber nahezu jedes Haus eine Souvenirfalle. Niemand äußert sich dazu frenetisch. Der Bahnhof sei sehr hübsch, empfiehlt Martin Graue. Und dann gebe es hier eine Fischtreppe, auf der sich die Lachse zum Laichen flussaufwärts bewegen würden; freilich erst im Herbst. Wir haben Juni. Welcher Hai wird für uns die Treppe hochspringen? Aber was soll man an so einem Regentag sonst machen, als sich in ein Café zu setzen oder Souvenirgeschäfte abzuklappern? Die Kaschmirpullover sind teurer als in Deutschland; die Schals auch. Mützen im Juni verlocken uns auch nicht besonders. Handschuhe: Na so kalt ist es wirklich nicht.

Erstmals werden wir damit konfrontiert, dass wir eine sogenannte „Smart und Small"-Reise gebucht hätten. Für uns beide war das neu und überraschend. Das bedeutet, dass wir nicht mit Kultur überfüttert werden sollen. Im Gegenteil: Entspanntes Programm. Viel Zeit für eigene Unternehmungen. Der Reiseleiter verabschiedet sich immer wieder und entlässt uns für eigene Unternehmungen. Aber was tun im Regen im uns fremden Pitlochry?

Smart und Small

Nachdem wir nicht nach dem Reisekatalog des Veranstalters, sondern „ganz smart" im Internet nach Schottland gegoogelt hatten, war uns diese an Ereignissen abgespeckte Variante nicht bekannt. Eigentlich hatten wir genau diesem Veranstalter den Vorzug gegeben, weil er für seine umfassenden Studienreisen bekannt war. Ausschlaggebend für eine der elf Varianten einer Schottlandreise war lediglich der Vorteil einer kleinen Gruppe. Von „smart und small" hatte uns bis heute niemand etwas verraten. Nicht nur wir sind enttäuscht. Auch die anderen Teilnehmer, die schon häufiger mit diesem Veranstalter gereist sind, vermissen die durchgängige Betreuung durch den Reiseleiter, der nicht nur dieses Mal für einige Stunden aus unserem Blick und aus der Verantwortung entschwinden wird. Nein, Stammkundenpflege verfolgt diese Reise nicht, bekommen wir von einigen zu hören.

Und nun das Thema Haggis

Wir kommen rein zufällig an der Metzgerei von MacDonald Brothers vorbei. Keck gehe ich

hinein und frage, wie wohl ein Haggis aussehe? Triumphierend hält mir Alastair Ross ein Etwas hin, das aussieht wie ein Pfälzer Saumagen. Nur mit dem Unterschied, dass dieser nach dem Garen nicht in dicke Scheiben zum Braten geschnitten werden kann.

Er wird portionsweise ohne Bindung herausge-
löffelt und portioniert. Mehrere Menschen in
unserem Umfeld, auch unser Zahnarzt, hatten
sich im Vorfeld über den Haggis lustig ge-
macht, als sei das das Übelste vom Üblen, was
man essen könne. Dem muss ich energisch wi-
dersprechen. Er ist weder fett noch schmeckt
er nach altem Hammel, sondern wird jedem
munden, der auch
Leberwurst gerne isst.
Abgesehen davon,
dass sich Alastair
Ross aus jener Metz-
gerei als der derzeit
beste Haggis-Produ-
cer Schottlands outed;
stolz präsentiert er
seinen Pokal. Das
Grundrezept zum
Haggis-Selbermachen
entnehme ich einem
unserer Schottland-Bücher. Es hat leider keine
Mengenangaben. Außerdem gibt es große und
kleine Schafsmägen. Im Zweifelsfall selber
googlen.

Haggis-Rezept

Als erstes reinige man einen Schafmagen gründlich. Danach werden die Innereien eines Schafes inklusive Leber aufgekocht und dann feingehackt. Dann kommen ein Stück Rindfleisch, eine halbe Leber und Zwiebeln feingehackt hinzu sowie reichlich Nierenfett und ein oder zwei Hand voll trocknes Hafermehl. Abgeschmeckt wird mit Salz und gemischten Gewürzen, ich schätze mal Majoran, Pfeffer und reichlich Piment. Aus weiterem Rindfleisch und dem Kochwasser der Innereien bereite man eine kräftige Brühe. Nun wird das Haggisfleisch in den Magen gestopft, aber nur so viel, dass ein Drittel Luft bleibt, weil sich das Hafermehl ausdehnt. Der Magensack wird nun zunäht und rundherum mit einer Gabel eingestochen, damit er nicht aufplatzt. Dann muss die Luft aus dem Sack gedrückt werden. Er wird ungefähr zwei Stunden gekocht. Das Ganze geht auch ohne Schafmagen. Dann packt man die gesamte Masse zum Kochen in ein zugebundenes Leintuch wie etwa bei Serviettenknödeln.

Traditionell wird Haggis mit Kartoffelpüree und Püree von Steckrüben (tatties and neeps) serviert. Er wird erst am Tisch aufgeschnitten und nur der Inhalt gegessen. Der Magensack wird entsorgt. Haggis wurde angeblich schon bei den Römern gegessen. Man schätzt, dass er erfunden wurde, um die tierischen Innereien vor dem schnellen Verderben zu bewahren. Andere behaupten, dass die Herrschaften die guten Fleischstücke vom Lamm aßen und die Innereien den Dienstboten überließen.

Unter der Adresse www.scottishhaggis.co.uk und www.macsween.co.uk kann man ihn online bestellen; allerdings auch ganz profan bei Amazon.

Interne Empfehlung für Überängstliche im Umgang mit Innereien: Man spüle seine Haggis-Portion mit schottischem Lebenswasser hinunter. Zum Beispiel mit einem Single Malt aus einer entlegenen Brennerei der Hebriden. Die steht uns noch bevor. Was „Prost" auf Schottisch heißt, wissen wir schon mal. Sprich: „Slanschiwa". Das schreibt sich „SlÀinghie Vha. Uah".

Haggis ist aber viel mehr als nur das typische schottische Gericht, sondern auch ein mythisches Tier, welches in den schottischen Bergen haust. Zwei Arten werden unterschieden. Der „Left-driving-Haggis" besitzt auf der linken Seite kürzere Beine, um sich besser in den steilen Bergen fortbewegen zu können. Hingegen der „Low-flying-Haggis" soll so schnell fliegen, dass man ihn kaum wahrnehmen kann. Ob es sich dabei tatsächlich um ein fliegendes Etwas handelt oder um ein Wurf-Sportgerät, war nicht zu erfahren. Der Weltrekord im Haggis-Weitwerfen liegt jedenfalls bei circa 55 Metern und wird von Alan Pettgrew gehalten.

Pitlochry und sonst?

Was tut man sonst noch in Pitlochry, wenn man nicht shoppen will? Wir setzen uns in ein Café, ordern die bisher schönsten Capuccinos, die wir je gesehen haben und essen zu zweit eine würzige Scheibe Gingerbread, ein Kasten-kuchen mit sahneähnlicher Cremehaube.

Um 17 Uhr sind wir zurück im Hotel. Theore-tisch und praktisch ist nichts geplant, wie wir

die restliche Zeit bis zum Abendessen sinnvoll verbringen können. Martin Graue empfiehlt den Weg über die Brücke nach Birnam; gleich am Beginn nach Links sollten wir auf eine Gartenanlage stoßen. Ob sie das sein soll, was eher wie ein verwahrloster Abenteuerspielplatz aussieht, entzieht sich unserer Kenntnis. Den angeblichen Garten finden wir nicht. Von Anna Maria hören wir später, dass sich in einem der Brückenpfeiler einst ein Gefängnis befunden habe. Auch den Weg an den River Tay finden wir nicht, weil wir nicht begreifen, dass „Path oak" (Eichenweg) genau darauf hinweist.

Ein bisschen Shakespeare

Im Schottland-Buch von Gaia lesen wir zuhause, dass Shakespeares Macbeth hier seine Burg Dunsinane hatte. Er fühlte sich hier so sicher, weil er der Prophezeiung von Hexen geglaubt habe, die da lautete: „Macbeth soll nie verlieren, bis dann der Birnamwald gegen den Berg von Dunsinane marschiert!" Ein Wald marschiert gegen eine Burg? Macbeth hielt das für unmöglich. Der gegnerische Heerführer Siward indes befahl seinen Männern, Äste abzuhauen, sie vor sich herzutragen und sich so versteckend, als sei man ein Wald, der Burg zu nähern. Und das war es dann auch, was die Prophezeiung wahr machte. Tja, eben Shakespeare.

Zufällig: Get-to-gether

Gerade noch rechtzeitig bemerken wir, dass am heutigen Abend gar kein gemeinsames Abendessen vorgesehen ist. Hunger haben wir eigentlich sowieso nicht. Also versuchen wir, den Weg am River Tay zur Kathedrale zu finden. Leider endet er ziemlich jäh an einem Zaun, der mit einer dicken Eisenkette verschlossen ist. Aber am Zaun entlang führt ein Weg, der uns direkt zum Kathedralen-Haupteingang bringt. Auch dieses Tor ist verschlossen. So spazieren wir an der Hauptstraße zu dem Taschentuch-Baum, den wir am Vorabend schon sahen. Tatsächlich sehen seine weißen Blüten aus wie zerzupfte Tempotaschentücher.

Da kommt uns Berlin-Heike (es gibt zwei Heikes) entgegen. Ob wir ein Bier zusammen trinken wollen? Freilich. Es muss ja kein Bier sein. Wir haben schon gemerkt, dass der chilenische Malbec in Schottland nahezu überall zu bekommen ist. Im nahen Dunkeld-Hotel, in dessen Bar es urig schummrig aussieht und gut riecht, ist eine Männerrunde zu Gange. Als sie Fisch and Chips serviert bekommen, bedauern wir richtig, dass wir keinen Hunger mehr haben. Heike hatte vorher schon Haggis in einer Kneipe gegessen.

Wir kommen ins Gespräch. Die blonde Heike ist Pharmareferentin und auf Atemwegserkrankungen spezialisiert. Sie hat einen Sohn, lebt aber alleine. Kaum zu glauben, weil sie sehr gut aussieht und ein fröhliches offenes Wesen hat. Weil wir uns so gut verstehen, verabreden wir uns noch zu einem Absacker in der Bar unseres Hotels. Auch hier bekommen wir einen guten Malbec. Dann steht ein Gast vom Nachbartisch auf und kommt zu uns. Er habe gehört, dass wir Deutsche seien. Steinar ist Norweger und spricht gut Deutsch. Er sei bereits seit neun Wochen mit seinem Campingwagen unterwegs in Irland, England, Frankreich. Früher war er für VW auf dem Ersatzteilmarkt tätig, auch bei uns in der Nähe, in Griesheim bei Darmstadt. Als sein Weinglas leer ist, verabschiedet er sich. Sein Campingwagen parke unten am River neben dem Hotel, erzählt er. So wie er zur Türe schwankt, sieht es aus, als habe er schon einige Gläser geladen. Wir schmunzeln, weil er aus der Türe nach rechts geht, obwohl der Parkplatz doch links liegt. Doch dann begreifen wir warum. Steinar fährt nun aufgelehnt auf den Griffen eines Rollators an der Türe vorbei und ganz richtig nach links zum Parkplatz. Bewundernswert, dass er mit seiner Gehbehinderung noch so auf Reisen ist.

Durch die Glastür sehen wir Anna Maria und Jörn auf der Straße. Sie erkennen unser Winken und kommen in die Bar. Als auch noch Brunhilde und Erika aus dem anschließenden Restaurant zu uns stoßen, sind wir fast komplett. Brunhilde schimpft über ihr Essen, eine Art Tafelspitz, der völlig kaputtgebraten gewesen sei. Sie und Schwester Erika wissen guten Essen zu schätzen und beide kochen selbst für sich und ihre Gäste. Anna Maria erzählt, wie sie nach 45 Jahren eine russische Freundin wiederfand. Und ich gebe meine Story vom Sturz in die Gletscherspalte zum Besten. Anna Maria und Jörn sind viel in der Welt herum gekommen. Sie lebten vorrübergehend in Mexiko und in Kalkutta. Jörn ist heute – auch im Rentenalter – noch unterwegs für den Senior-Expert-Service, eine Institution, die Fachleute in alle Welt für begrenzte Zeit als Berater vermittelt. Uns interessiert warum Brunhilde und Erika, als Schwestern den gleichen Namen tragen, obwohl Brunhilde schon öfter von Ihrem verstorbenen Mann, einem Dermatologen, erzählt hat, mit dem sie viel herumgekommen sei. Wie tragisch: Er sei genau einen Tag vor der Hochzeit gestorben.

Erika, die Stillere von beiden, lebt in Innsbruck. Naja, sie meint, dass Brunhilde viel mehr zu Erzählen habe. Beruflich habe sie mit Mode zu tun gehabt. Das erzählt Erika so emotionslos, dass wir noch lange rätseln, ob sie Mode nur verkauft oder auch selbst kreiert habe. Ich könnte mir vorstellen, dass sie – so bewusst schlicht aber mit Stil, wie sie sich hier kleidet – tagtäglich mit eleganten Damen zu tun hatte. Aber sie hält sich dermaßen im Hintergrund, dass wir es kaum wagen, sie anzusprechen.

Brunhilde scheint in Salzburg in einem engen Kultur- und Freundesgeflecht zu leben. Während der Salzburger Festspiele habe sie das Haus meist voller Gäste. Anscheinend kommt sie auch leicht an Festspielkarten. Umgekehrt wird sie auch selbst viel zu kulturellen Ereignissen eingeladen. Sie spielt Golf und sei früher auch geritten. Mit ihrer Salzburger Klangsprache kommt sie mir ein wenig wie Sissy in cognito vor. Ohne, dass sie angibt, spürt man ihre Lebenserfahrung auf der sonnigen, wohlhabenden Seite des Lebens. Ja, die Gruppe ist voller spannender Geschichten. Die andere Heike und Judith sehen wir erst am nächsten Morgen wieder.

Mit unserem Veranstalter sind wir alle nicht sonderlich zufrieden, was sicher auch mit den bisherigen Regenschauern und der uns verordneten Shoppingtour durch Pitlochry zu tun hat. Klar haben wir auch etwas eingekauft: drei Päckchen Geschenkband in schottischen Karomustern und einen Notizblock für Bernhard, der sich allerdings beim Umblättern auflöst.

3. Tag

Im Fernsehen wird vom D-Day berichtet. Theresa May und Emanuelle Macron begegnen sich am Landungstag der Alliierten in der Normandie, um den 75. Jahrestag zu begehen. Wir frühstücken wieder mit pompösen Eiergerichten, Blackpudding, Schinken und Würstchen. Geradezu luxuriös empfinden wir es, uns nicht von einem schon lange stehenden Buffet bedienen zu müssen, sondern dass die Gerichte frisch zubereitet werden. Nur unser gutes Vollkornbrot fehlt mir sehr.

Der angekündigte kleine Bus ist da. Das ist wichtig, weil die Straßen auf der Insel Skye, auf die wir heute weiterreisen, teilweise sehr schmal und die Kurven überaus eng sind. Trotzdem bleibt genügend Platz, dass sich jeder an ein Fenster setzen kann. Schön ist auch, dass wir unsere Regenklamotten dauerhaft für alle restlichen Tage im Bus platzieren können.

Nach Dalwhinnie

Erneut machen wir uns auf die Strecke in Richtung Blair Castle, bleiben nun aber auf der E15, die durch den Forst of Atholl und die Schluchten der Crampians verläuft. Es geht durch die noch genauso unwirtliche und karge Landschaft, wie sie Fontane beschrieben hatte. Ödes Land. Es sieht auch deshalb so eintönig aus, weil die üppigen Heidefelder noch keine Blüten tragen. Alles ist ein wenig braun. Im Juli und August werden sie erikafarben erblühen und die uns nachfolgenden Reisenden erfreuen; selbst wenn es regnet, wie bei uns. Schlingernde Wildbäche stürzen sich aus den Höhen der Crampians, die an etlichen Spitzen 1000 Höhenmeter und mehr aufweisen. Pflanzfelder muten an wie Baumschulen. Soll hier tatsächlich neuer Wald entstehen? Hinter Loch Ericht, der sich nur mit einem Zipfelchen zeigt, biegt der Bus ab auf die Straße 86, vorbei an den Pagoden-Türmen der Destillerie Dalwhinnie. Pagoden, lernen wir, zeigen, wo Gerste für Whisky gelagert wird. Dieser erst nach 15 Jahren

Lagerung verkaufte Single Malt verspreche einen Hauch von Heidekraut und Torfrauch und sei einer der meistverkauften Classic Malts in Schottland, wirbt Martin Graue.

Kurvenreich führt die Straße durch Hohlwege, vorbei an Krüppelbirken und weiten gewellten Erikafeldern. Schotter an den Randstreifen der Straße bestraft Fahrfehler augenblicklich. Fichten-Monokulturen und frisch ausgetriebene Lärchen säumen die Kurven durch viele Felsschluchten. Die über 1000 Meter hohen Berge verstecken sich hinter Regenschleiern. Das trübe Wetter verstärkt die Stimmung von Einsamkeit. Nur in großen Abständen sehen wir Schafe, selten mehr als zehn in einer Gruppe. Dann taucht Loch Laggan auf mit seiner weiten Wasserfläche und mit reißenden Zuflüssen, die sich aus dem Grampians herabstürzen. Hier gibt es keinen Handyempfang, kein WLAN; für wen auch? Hier wohnt niemand.

Manfred Graue unterhält uns mit schottischen Liedern. Nein, er singt nicht, er spielt sie von der CD ab. Das Lied von der Schlacht von Bannockburn im Juni 1314. Darin geht es um den Schottenkönig Robert the Bruce, der nach und nach alle wichtigen Burgen des Landes eingenommen hatte, die zuvor von Engländern oder deren Getreuen besetzt waren. Seine stärksten Waffen waren Kriegslist und Guerillataktiken; denn viele Leute hatte er nicht. Am Ende fehlte de Bruce nur noch das große und strategisch wichtige Stirling Castle. Er ließ die Burg belagern. Am 23. Juni 1314 begannen die Kämpfe. Robert the Bruce und seine Getreuen zwangen die zahlenmäßig weit überlegenen Engländer durch Taktik und Wendigkeit in eine Falle zwischen zwei Bächen, wo viele, die nicht mehr flüchten konnten, am nächsten Tag erbärmlich ertranken.

Spean Bridge Mill

Wir pausieren an einer der seltenen Siedlungen mit Toiletten und Einkehrmöglichkeit. Über das Mühlrad schwappt schwarzes Torfwasser. Hier demonstriert noch ein alter Webstuhl das Handwerk der armen Leute. An der Kaffeetheke gibt es duftige, locker gebackene Scones mit gehackten kandierten Kirschen. Wäre die Sicht klarer, würden wir jetzt den Ben Navis sehen, mit 1343 Meter Höhe immerhin der höchste Berg Schottlands. Aber er will es nicht und versteckt sich hinter Wolkenschwaden.

Commando Memorial

Diese Gedenkstätte ist den Gefallenen des zweiten Weltkrieges von 1939 bis 1945 gewidmet und zwar dem sogenannten Himmelfahrtskommando, das in Schottland in 1700 Einheiten ausgebildet wurde. Sie wurden meist als Fallschirmspringer hinter den feindlichen Linien abgesetzt. Und so zeigt die lebensgroße Bronze-Skulptur des Bildhauers Scott

Sutherland auch drei Infanteristen. Queen Mother persönlich, die Mutter von Königin Elisabeth, habe das Denkmal 1952 eingeweiht. Heute stehen hier auch Gedenksteine neuerer Zeiten von Gefallenen in Afghanistan. Auch für sie war heute Morgen ein 90-Jähriger im Tandemverbund mit schottischer Fahne aus einem Flugzeug gesprungen, um ungefähr da zu landen, wo er vor 75 Jahren angekommen war. Bei schönem Wetter – darauf warten wir noch – soll man von hier einen wundervollen Blick auf den Ben Navis genießen.

Busfahrer John hat die Idee, nicht stracks zu unserem nächsten Besichtigungsziel Eilean Donan Castle zu fahren, sondern mit einer kleinen Extratour eine Mittagspause am Kaledonischen Kanal einzulegen. A bright idea!

The „Caledonian Canal"

Erstmals treffen wir hier auf die künstlich geschaffene Wasserverbindung von Inverness zum Firth of Lorn, von der Nordsee zum Atlantik. Offiziell reicht der Kaledonische Kanal nur bis Fort William und ist fast 100 Kilometer lang; davon sind etwa 62 Kilometer natürliche Lochs (Ness, Oich, Lochy), etwa 36 Kilometer wurden als Verbindungskanal gebaut. Der höchste Punkt, Loch Oich, liegt 32 Meter über dem Meeresspiegel. Zwölf Schleusen hoch und zwölf wieder hinunter überwinden diesen Höhenunterschied. Jeweils vier oder fünf Schleusenkammern hintereinander, sowie sechs Schwenkbrücken übernehmen diese Aufgabe.

19 Jahre dauerte der Bau unter Regie des schottischen Ingenieurs Thomas Telford, den wir bereits von der Brücke über den Tay zwischen Dunkeld und Birnam kennen. Das Bauprojekt diente zur Zeit der „Highland Clearances"* auch zur Schaffung von Arbeitsplätzen in der Hochland Region, durch die der Kanal führt.

*„Clearance" bedeutet die Entvölkerung der Landgebiete im Nordwesten Schottlands während des 18. und 19. Jahrhunderts, um Platz für Schafe zu schaffen. Der Schafwolle-Handel war rentabler als die Pacht von Bauern.

Das gesamte Kanaltal wird auch als Great Glen bezeichnet, was so viel wie großes oder gewaltiges Tal bedeutet. Die Anlage gilt noch immer als einer der faszinierendsten Inland-Wasserwege Europas: er steht unter Denkmalschutz und wurde erst spät als Freizeitrevier für Bootsferien entdeckt. Der Kanal unterscheidet sich von anderen Wasserstraßen, weil die Lochs als Wasserreservoir dienen und die Wehre und Schleusen die Aufgaben der Wasserregulierung übernehmen. Aha: Caledonia ist der schottische Name von Schottland.

Fort Augustus

Auch hier schmücken üppige Ginstergirlanden die Ufer. Obwohl wir schon öfter mit Hausbooten in Europa (Niederlande, Schweden, Müritz) unterwegs waren, verfolgen wir trotzdem immer wieder fasziniert das Treiben und Hantieren an Schleusen. Hier in Fort Augustus sind es gleich vier, oder waren es fünf, die die Schiffe nacheinander immerhin zwölfeinhalb Meter hochheben. Sie kommen zu dieser Mittagsstunde alle von Loch Ness und fahren in die gleiche Richtung nach Süden. Auch der schon bekannte Regen hält uns nicht davon ab, ein Schwätzchen zu beginnen: „War kommt U van dan?" Aha: Rotterdam. Niederländer. Denen ist es wohl auch zu langweilig, immer nur friedlich durch Friesland zu schippern. „Nessi gesehen?" „Nö, hat heute Tauchkurs".

Loch Ness und das Nessy-Monster

Angeblich habe man in den Aufzeichnungen des irischen Missionars Columban schon Hinweise auf das Seemonster gefunden. Es habe, so schrieb er, im Jahre 565, einen seiner Mitstreiter verschlungen. Als es erneut zuschnappen wollte, sei er ihm mit seinem Kruzifix entgegengeschritten. Das Monster habe sich sehr erschreckt und sei sofort weggetaucht. Erst

1500 Jahre später, in den 1930er Jahren, tauchte ein Schwarzweiß-Foto auf, das dieses Monster darstellen sollte. Angeblich habe der Fotograf den Betrug auf dem Totenbett gestanden. Witzig: So etwas Nicht-Existierendes wie Nessie steht in Schottland unter Naturschutz.

In einer Snackbar lassen wir uns Fish and Chips schmecken. Es ist nicht mehr das Gericht, das wir vor über 35 Jahren in Wales erstmals aus einer gedrehten Zeitungstüte mit den Fingern aßen. Heutzutage ist es ein Berg Pommes Frites mit einem einzigen größeren gebackenen Fischfilet. Nur die Zitronenscheibe erinnert an den säuerlichen Aspekt, der damals von einem Spritzer Essig hinzukam. Wir erhalten sogar einen guten italienischen Rosé dazu. Was bleibt da noch zu wünschen?

Culloden

Nur 35 Meilen Luftlinie trennen uns vom Schlachtfeld Culloden, das leider nicht in unserem Ausflugsprogramm steht. Dort fand 1746 die wohl folgenschwerste Schlacht statt, in der der 25jährige Charles Edwart Stuart – genannt Bonnie Prince Charlie - versuchte, Schottland von den Engländern für die Stuart-Dynastie zurückzugewinnen. Sein Vater James VII. war von dem englischen König Wilhelm von Oranien ins Exil getrieben worden. Der junge Bonnie landete am 27. Juni 1745 in Schottland und konnte fast alle Clans um sich versammeln, um Schottland den Engländern wieder wegzunehmen. Am 10. September gewann er die Oberhand in Perth und neun Tage später in Edinburgh. Schottland befand sich im Jubelmodus. Anfang November zogen sie über den Tweed nach Carlisle und nach Leicester. Doch der Siegeskurs stolperte an Uneinigkeiten und Eifersüchteleien zwischen den Clans. Dann erreichte sie auch noch die Nachricht über die Rückkehr des gefürchteten Herzogs von Cumberland aus Deutschland. Hinzu kam, dass etliche der Clans meinten, sich zuhause um ihr eigenes Land kümmern zu müssen. Bonnie war gezwungen, umzukehren. Noch eine letzte Schlacht gewannen sie bei Falkirk zwischen

Edinburgh und Glasgow. Doch dann wurden sie von den nachrückenden Engländern eingeschlossen und flüchteten in Richtung Norden.

Östlich von Inverness fand dann die letzte Schlacht statt: Culloden-Moor. Bonnie und seine verbleibenden Männer hatten keine Chance. Die tapfersten Clans – die Frazers, MacPhersons und MacIntosh – hatten sich längst verabschiedet und waren nach Hause zurückgekehrt. Die MacDonalds verweigerten ihre Teilnahme an der Schlacht, weil man ihnen die Ehrenstellung am rechten Flügel versagte. Zudem war der Herzog von Cumberland früher zurückgekehrt und ging mit Übermacht gegen die Highländer vor. Dazu kam, so Fontane, dass das Terrain flach und eben war, was den Reitkünsten der Engländer zu Gute kam. Nach wenigen Stunden lagen achthundert Highländer tot auf dem Felde. Die südlicher wartenden Highländer, immerhin noch etwa 8.000 Mann, trafen auf einen resignierten Prince Charlie. Er entband die Clans von ihrem Gelübde und floh. Die Engländer machten Inverness dem Erdboden gleich.

Bonnie Prince Charlie gelang eine aufregende Flucht. Trotz Aussetzung einer hohen Kopfprämie – man spricht heute von umgerechnet 1 Million Euro – verriet ihn niemand. In cognito, wie er aus Frankreich als verkleideter Theologiestudent heimlich an der Westküste gelandet war, so verschwand er auch wieder. Die junge Flora MacDonald steckte ihn in Frauenkleider und schmuggelte ihn durch die feindlichen Linien auf die Insel Sky und ein Schiff nach Frankreich. Wir werden dieser Geschichte noch mehrfach auf dieser Reise begegnen.

Wir fahren ein Stück am Caledonian Canal zurück und biegen ab in den Westen, entlang von Loch Cluanie. Die Gipfel der „Five Sisters", 1068 Meter hoch, verhüllen sich in Wolken. Na, jedenfalls regnet es zurzeit nicht. Aber besonders schönes Fotografierlicht gibt es auch nicht, um unser nächsten Ziel abzulichten: Die Burg aus dem Film „Highlander".

Eilean Donan Castle

Die Festung aus dem 13. Jahrhundert liegt strategisch optimal auf einer Insel am Schnittpunkt dreier Seen. Weil sie im 18. Jahrhundert als Versteck von spanischen Söldnern diente, schickten die Engländer drei Fregatten und schossen die Anlage in Grund und Boden. Die folgenden 200 Jahre tobten sich Wind und Wetter an der verbleibenden Ruine aus. Erst 1912 kehrten Nachfahren der ursprünglichen Besitzer zurück und restaurierten die Anlage.

Sie bauten auch eine Brücke, damit man bequem zu Fuß hingehen kann. Mittels Audiosystem in hervorragendem Deutsch schlendern wir durch die verschiedenen Räume und Höfe und hören dabei Geschichten aus vergangenen Zeiten.

Insel Skye

Früher musste man mit der Fähre fahren. Heute führt eine moderne Brücke auf die größte und nördlichste der Inneren Hebriden. Skye heißt übersetzt „geflügelte Insel". Auf Gällisch heißt sie „Eilean a Cheo", Nebelinsel. Au Backe. Sie hat etwa 10.000 Einwohner, besitzt fünf Halbinseln und ist mit rund 1.700 Quadratkilometern ungefähr doppelt so groß wie Berlin, allerdings kommen nur etwa sechs Einwohner auf den Quadratkilometer. In Berlin sind es über 4.000.

Skye wird als die schönste aller schottischen Inseln beschrieben und nicht nur bei Sonnenschein, der hier selten herrsche. „Gerade wenn Nebelfetzen und Regenschauer die Mondlandschaft der bizarren Bergwelt durchziehen, zeigt Skye eine romantische Schönheit, die selbst das nordwestliche Hochland nicht besitzt." (Zitat: Schottland-Reise-Know How) Gleich vorweg: Wir hatten strahlenden Sonnenschein.

Angeblich gibt es wenigstens 500 Hebriden-Inseln, aber nur 30 seien bewohnt. Unser Hotel liegt in der Region Minginish, man kann schon sagen in der Pampa, was nicht negativ betont sein soll. Es heißt Sligachan, wie der Campingplatz und der Wildbach, der aus dem gleichnamigen Tal herunterpurzelt. Mehr gibt es hier nicht. Muss auch nicht sein. Die Zimmer sind okay, das Essen auch. Abwechslung bieten zwei Anbauten: eine kleine Brauerei und eine bewirtschaftete große Scheune, die aus der gleichen Hotelküche beliefert wird. Die Bar offeriert 400 verschiedene Whisky-Sorten; Gott sei Dank auch einen guten Merlot aus Chile.

Die Bewirtschaftung läuft sehr einfach: Auf jedem Tisch liegt ein hölzerner Kochlöffel mit einer Nummer. Man bestellt sein Essen an der

Theke und bekommt es an den Tisch geliefert. Bezahlt wird sofort am Tresen. Cash oder mit Karte. Alles ganz easy. Von den auffallend vielen jungen Leuten übernachten die meisten wohl auf dem nahen Campingplatz. Vermutlich viele Sportler; denn in zwei Tagen steigt in der Inselhauptstadt Portree ein Halbmarathon.

4. Tag

Kaum zu glauben: Aber tatsächlich scheint erstmals die Sonne, als wir uns auf den Weg in den Nordosten von Skye machen. Die Straßen sind sehr eng. Immer wieder gibt es sogenannte „Pasing Places", Ausweichplätze für den Gegenverkehr.

Im Sonnenlicht leuchten die Rhododendren und Ginsterblüten, als habe Petrus Scheinwerfer eingeschaltet. Die Landschaft erscheint trotzdem karg, kaum Bäume, viel Erika, dessen Blüten noch in braunen Knospen stecken. Herrlich muss es hier aussehen im Juli oder August. Die wenigen Häuser sind einfach, weiß getüncht oder ursprünglich steingrau wie die Granitsteine. Keller gibt es hier nicht. Die Telefonleitungen verlaufen wie in den USA oberirdisch auf hölzernen Stützen.

In der Ferne sehen wir schon die Cuillin Mountains. Es gibt zwei von diesen Berggruppen. Die roten Cuillins und die Black Cuillins im Süden der Insel, jeweils knapp 1000 Meter hoch und aus Granit. Die Trotternish Hills im Norden künden hingegen mit ihren Lava-Hängen von erloschenen Vulkanen. Immer wieder geht es ratternd über Viehgitter als Sperren, damit die Schafe nicht abhauen. Allzu viele sehen wir jedoch nicht; selten mehr als zwölf in einer Gruppe. Das Typische an ihnen ist das helle Fell mit einem dunklen Gesicht, ähnlich den Rhönschafen. Avisiert sind Wasserfälle. Naja, wer wie wir mal in Island war, ist höhere Dinger gewohnt. Unser erster Stop ist eine ganz andere Herausforderung. So kurz nach dem Frühstück besuchen wir eine Brennerei.

John, unser Busfahrer, überrascht uns heute in einem traditionellen Kilt. Angeblich brauche ein originaler Kilt sieben Meter Stoff, die im hinteren Teil in Falten, vorne glatt um den Bauch gewickelt werden. Mit meiner Frage nach einem Reißverschluss handle ich mir eine hochgezogene Augenbraue von Martin Graue ein. Ein richtiger Kilt kostet wenigstens 600 Pfund, hören wir. Was wir später in Edinburgh für 35 Pfund sehen, ist wohl mit den Plastikdirndeln von Aldi fürs Oktoberfest zu vergleichen. John sieht sehr würdevoll aus. Dazu trägt er Kniestrümpfe mit kleinen Wimpeln, die zu seinem Tartan (farblich unterschiedliche Schottenmuster) passen. Auch ein Messer steckt im Strumpf, das er zum Busfahren allerdings herausnimmt. Und – so hören wir von Martin Graue - John sei beileibe kein Bus-Driver, sondern ein Coach-Driver. Die Gretchenfrage zum Kilt stellen wir nicht.

Talisker Destillerie

Sie sei die älteste aktive Destillerie der Isle of Skye, malerisch am Ufer von Loch Harport gelegen. Die Talisker-Brennerei wurde 1831 — ein Jahr nach ihrer Gründung an einem anderen Ort — von den Gebrüdern Hugh und Kenneth MacAskill in dem Dorf Carbost am Ufer des Loch Harport errichtet. Der Destillerie-Name leitet sich von dem Anwesen *Talisker House* ab, das einige Meilen westlich in den Bergen liegt. Nach dem Tod der Brüder versuchten sich etliche Leute, um aus der Anlage Geld zu holen. Einige endeten im Bankrott oder im Gefängnis, was den Ruf des Whiskys nicht schmälerte. In einem Gedicht wird der Talisker als die „Königin der Getränke" gerühmt. 1916 übernahm ein Konsortium die Mehrheit der Aktien, zu dem auch John Walker („Der Tag geht, Jonny Walker kommt") gehörte. 1928 stellte die Brennerei den Herstellungsprozess vom dreimaligen Brennen, wie es in Irland typisch ist, auf das noch heute verwendete zweimalige Brennen um.

Wir erhalten eine Verkostung und lernen, dass man vor dem Trinken am besten einen Tropfen Wasser aus einer Pipette hinzutut. Mmh, ja! Das hat etwas. Freilich kaufen alle etwas ein.

Ein Blick in das Fasslager mit über 35 Jahre alten Fässern.

Wir durchfahren die Hochmoorebene, das Glen Varagill, und erreichen die Inselhauptstadt Portree, was auf Gälisch so viel wie Königlicher Hafen heißt. Der Name geht zurück auf James V., der 1540 hier eintraf, um die Clans der Insel auf sich einschwören zu lassen. Auffallend sind die zweiteiligen Straßennamen: Oben grün Gälisch, darunter schwarz Englisch. Mehr darüber am morgigen Tag, den wir – ob wir wollen oder nicht – vertrödeln müssen, unter anderem in Portree.

Old Man of Storr

In der Ferne sehen wir nun schon die Zacken der Black Cuillins, vor allem die 48 Meter hohe

Felsnadel „Old Man of Storr", die sich beim näheren Hinfahren farblich in die dahinter liegenden Felsen einbettet. Ein paar kleinere Felsnadeln scharen sich um den Basaltmonolithen: Old Man`s Wife, Old Man's Castle, Old Man's Dog. So nahe, um ein charakteristisches Foto zu schießen, kommen wir jedoch nicht. Rechts und links nützen Autos Felsnischen, um ihre Wanderer abzusetzen, die in die Cuillins und zum Old Man of Storr wollen. Es muss traumhaft sein, hier zu wandern und einen ganzen Tag zu verbringen.

Für uns ist das nicht vorgesehen. Martin Graue liest uns stattdessen eine Glosse über den Haggis aus der Süddeutschen vor, die vor 1996 – noch in alter Rechtschreibung – von Erdmann Braschos verfasst wurde. Leider einigten wir uns über den Preis für den Abdruck hier im Buch nicht einig. Stattdessen erlauben wir uns, die deutsche Übersetzung des Gedichts von Robert Burns abzudrucken, das jährlich am 25. Januar (siehe Seite 114) vorgetragen wird.

Schön, dich zu sehen, altes Fettgesicht,
mächtiger Clan-Chef der Pudding-Rasse.
Über allem anderen thronst du,
Magen, Därme, Knorpel und Bindegewebe.
Klar, du bist uns einen Ehrentoast wert,
so lang wie mein Arm.

Das gähnende Grabenloch da unten,
füllst du mit deinen Hüften, sanft wie ferne Hügel.
Dein Bolzen hilft die Mühle drehen.
Wenn es zeitig nötig ist,
du durch deine Poren Perlen schwitzt,
wie ein bernsteinfarbiger Rosenkranz.

Messer geschärft, sehen wir kräftige Männer
gekonnt dich aufschneiden,
freilegen deine quellenden Innereien wie ein
Wassergraben. Und dann, oh welch ein
wundervoller Anblick: warmdampfend, reich!

Löffel für Löffel langen sie aus mit Verlangen:
Dem Teufel bleibt der letzte Zipfel.
Vorwärts geht's. Bis all die rundgewölbten
Bäuche gespannt sind wie Trommelfelle.
Dann, ältester Weiser, der gleich zu platzen droht,

singe ein „Danke schön".

Gibt es hier jemanden, der über französisches
Ragout oder Ölgericht, das ranzig-gestockt
Zeit lässt fürs Klagen, oder Frikassee,
das euch ausspucken lässt
voll hassender Verachtung, herunter sieht,
spöttisch-bitter und verächtlich,
auf solch ein Mahl?

Armer Teufel! Seht ihn über seinem Mist
So mager wie ein trockner Strauch.
Sein Spillerbein, ein Peitschenriemchen.
Seine Faust ein Weiberknötchen:
Bei Sturmflut oder auf dem Dreschplatz
Oh, wie unpassend!

Doch sieh´ den Bauern, Haggis-genährt,
der Erdboden zittert, wiederhallt seinem Schritt.
Gib´ in seine feste Hand ´ne Klinge.
Er wird sie pfeifen lassen,
Und Beine und Arme, und Köpfe schneiden,
wie Distelblütkapseln

Ihr Mächte, die ihr die Menschheit
zum Geschäft euch nehmt,
Und ihnen des Schicksals Rechnung auftischt,
Alt-Schottland wünscht keine Wassersuppe
die in den Schüsseln schwappt.
Aber, wenn ihr ihm segensreiche Gebete wünschen woll-
tet, Gebt ihm ein Haggismahl.

Kilt Rock

Wir kommen an riesigen Abholzungen vorbei, wobei nicht klar wird, ob hier ein Sturm alles umgefegt hat; denn die kahlen Stämme liegen kreuz und quer wie auf einem Mikado-Schlachtfeld. Schiffe werden jetzt ja vermutlich nicht mehr damit gebaut. Wenige Kilometer hinter dem Old Man halten wir auf einem Parkplatz, der für viele Autos und direkt an der Küste planiert ist. Wir sind am „Kilt Rock", eine Aussichtsplattform, von der aus wir am heutigen Tag klare Sicht weit aufs Meer genießen. Der merkwürdige Name will das tartan-ähnliche Muster des Basaltfelsen beschreiben. Aus den roten Klippen rauscht ein Wasserfall in die Tiefe. Wie wir hören, würden seine Wasser bei Sturm bis zum Aussichtspunkt heraufgeschleudert. Aber heute ist er ganz zahm.

Viele Aktive starten auch von hier ins Wandergelände Quiraing am Fuße des Meall na Suiramach, das hinter der Siedlung Staffin ihren Einstieg hat. Angeblich sei es eine wundersame bizarre Felswelt, vergleichbar mit den Dolomiten, lesen wir im Internet von begeisterten Wanderern. Wir fahren jedoch ein Stückchen weiter, wo John in einem Waldweg parkt. Zu Fuß geht es wenige Meter abwärts zum

Floddygarry Hotel.

Einst habe hier Flora MacDonald nach ihrer Hochzeit gewohnt. Heute ist es ein luxuriöses Cottage, das sich zum Lunch auf Suppen spezialisiert hat. Und wirklich sind wir alle begeistert von den verschiedenen Kreationen, unter anderem eine reich dekorierte Hühnersuppe, auch eine deftige Zwiebelsuppe mit üppiger Käsetoast-Deko. Später nehmen wir unseren Espresso auf der kleinen windgeschützten Terrasse, wo wir herrlichen Seeblick genießen.

Weiter geht es an die Nordspitze von Totternish und zum „Museum Of Island Life", ein Freilichtmuseum mit reedgedeckten Häusern; eines sei sogar noch als Originalbau. Die sowieso kleine Gruppe teilt sich auf; die einen gehen ins Museum, die anderen zum nahen

Friedhof von Kilmuir, auf dem Flora MacDonald bestattet ist. In das erst 1880, 90 Jahre nach ihrem Tod, errichtete weiße Hochkreuz sind berühmte Worte eingemeißelt: „Flora MacDonalds Name wird in der Geschichte immer genannt werden, und wenn Mut und Treue noch als Tugenden gelten, dann mit Hochachtung."

Flora und die Flucht mit Bonnie Prince Charlie

Immer wieder hören wir gerne weitere Facetten der schönen Geschichte von der Hochlandheldin und ihrer aufopferungswürden Tat, Bonnie Prince Charlie zu retten. Zusammen mit ihrem Diener und dem als „Zofe Betty Burke" verkleideten Charlie flüchteten sie erst auf die Insel Benbecula, die zu den Äußeren Hebriden gehört. Hier verpassten sie dem ziemlich langen Charlie eine komplette Damengarderobe, rasierten ihm die Barthaare ab und ruderten ihn zur Insel Skye. Von Portree aus flüchtete Charlie auf die Nachbarinsel Raasay, wo er von einem französischen Segler außer Landes gebracht wurde.

Flora wurde von den Engländern verhaftet und in Edinburgh gefangen gehalten. Schon damals galt sie als Heldin. Schottische adelige Damen sammelten Geld und brachten ihre Geschichte an die Öffentlichkeit, so dass sich niemand traute, ihr wirklich den Prozess zu machen. Flora heiratete, bekam sechs Kinder und wanderte später nach Amerika aus. Nach einigen Jahren kehrte sie nach Skye zurück und starb am 4. März 1790 im Alter von 68 Jahren. Tausende von Schotten kamen zu ihrem Begräbnis. Man sagt, dass ihr Körper in jenes Betttuch

gehüllt worden sei, auf dem Bonnie Prince Charlie während seiner Flucht geschlafen habe. Zwischen beiden habe es aber niemals eine Liebesgeschichte gegeben.

Bonnie Prince Charlie starb zwei Jahre vor Flora, am 31. Januar 1788, ebenfalls im Alter von 68 Jahren in Rom, wo er im Exil seiner Eltern geboren wurde. Man sagt, der einst hübsche schlanke Mann (daher der Kosename Bonnie) sei von Alkohol und übermäßigem Essen dick und unansehnlich geworden. Sie haben sich nie wieder gesehen.

Unsere Busfahrt geht weiter zum Hafen Uig.

Vorsichtig tastet sich John mit unserem Bus die enge gewundene Straße den Berg hinunter. Bruchstellen in den Weiden, aus denen schroffe Felsspitzen dringen, künden von der Gewalt des vulkanischen Erdinneren, vom Aufbrechen der Erde. Vom Hafen aus verkehren kleine Fähren zur Insel Lewis and Harris und stellen so die Verbindung zu den Äußeren Hebriden her. In der Ferne sehen wir schon wieder die Cuillins. Sie sind jetzt klarer auszumachen als am Morgen. Ob es morgen wieder ein schöner Tag wird? Über Portree erreichen wir unser Hotel.

Ein paar Gäste berichten von riesigen Mückenschwärmen. Upps. Und morgen sollen wir wandern, von wegen freier Zeiteinteilung. Es ist bekannt, dass es im sicher malerischen Sligachan-Tal keine Einkehrmöglichkeit gibt und auch keinen Rückweg. Man muss also hin und zurück den gleichen Weg gehen und sich Verpflegung und Getränke selbst mitnehmen. Was passiert, wenn sich einer den Fuß vertritt? Dass es hier WLAN gibt, ist zu bezweifeln. Martin Graue hat frei. Auch John hat morgen einen gesetzlich verordneten Ruhetag. Er bietet jedoch an, uns um 11 Uhr nach Portree mitzunehmen, wenn er Tanken fährt und drei Stunden später wieder zurück.

Sterne-Restaurants aus Sky

Es gibt angeblich zwei mit Michelin-Sternen ausgezeichnete Restaurants auf Skye. Jörn und Anna Maria sprachen bereits am ersten Abend davon, wie man wohl zum „The Three Chimneys" nach Colbost kommen könnte. Der Ort liegt im äußersten Nordwesten der Insel. Aber es war bereits ausreserviert. Martin Graue nennt dann noch ein weiteres der Sterne-Restaurants. Edinbare Lodge Restaurant in E-dinbare. Die hätten sogar noch vier Plätze frei. Hätten wir ein Auto, so könnte man auf der Straße 863 erst zum Dunvegan Castle fahren und danach ins Restaurant. Wir würden sofort mitmachen. Ich biete mich auch gleich zum Fahren an. Doch erst scheitern wir an der Re-zeption, die am Freitagabend niemanden mehr von der Autovermietung erwischt. Am nächs-ten Morgen erfahren wir, dass vor Mittwoch überhaupt kein Mietauto zu bekommen sei.

Wir sind enttäuscht von unserem Reiseleiter. Einerseits übernachten wir drei Mal „in der Pampa" und dann hat er – außer einer Wande-rung ins Sligachan-Tal – keine Alternative für Fußkranke anzubieten, als die Zeit in Portree totzuschlagen. Es führe ja sogar ein Bus vom Portree nach Edinbare und Dunvegan Castle, täglich werktags, allerdings nicht am Samstag.

Schlechtes Timing. Das klingt in der Werbe-CD unseres Veranstalters ganz anders: „Der Reiseleiter kümmert sich so ziemlich um alles. Er ist der Regisseur, auch jenseits der Führungen. Er hat ein Gespür, was Menschen auf Reisen gerne machen!"

Irgendwie fehlt Dunvegan Castle in unserer Sammlung der Reiseeindrücke. Das Schloss, das auf einem Felsen über dem Meer thront, gehört seit über 700 Jahren der Familie MacLeod. Dort werde die Fairy Flag bewahrt, eine von Elfen-Legenden umrankte Fahne, die der Familie zum Schutz übergeben wurde. Angeblich hätten die Piloten aus jener Familie im Zweiten Weltkrieg Fotos der Elfenfahne bei sich getragen, weil sie sich deren Schutz anvertrauten.

5. Tag

Also gut, wenn es für uns weder Fahrmöglichkeit noch Programm gibt, werden wir mit John nach Portree fahren. Wir erinnern uns, dass das Hübscheste an dem königlichen Hafenort die bunte Hafenzeile ist. Allerdings sind die Häuser in der Realität wesentlich blasser als in unseren Reisebüchern. Mit John könnten wir um 14.30 Uhr wieder zurück fahren. Alternativ könnten wir später mit drei verschiedenen Fernbus-

Linien zurückfahren, deren Haltestelle unser Hotel ist. Schaumermal, was es sonst noch gibt. Aber was tut man in Portree an jenem Samstag? Wo der Halbmarathon abläuft, weiß niemand. Erika und Brunhilde machen eine zweistündige Bootsfahrt (je 50 Pfund) und berichten danach, dass sie tatsächlich die versprochenen Delphine, Seehunde, Seeadler und Papageientaucher gesehen hätten. Wir schlendern

an der Hafenzeile. Die Inhaberin eines Bookshops, bei der wir ausgerechnet einen deutschen Liebesroman entdecken, klagt, dass es hier im Sommer immer so voll Touristen sei. Man solle doch besser im November oder Dezember kommen. Da sei es zwar nicht so warm, aber auch nicht kalt.

Wir erklimmen einen Berg, auf dem wir bei der Anfahrt eine Kirche ausgemacht hatten. Die

Kirche selbst ist schmucklos und geschlossen. Aber nebenan hat eine Kapelle geöffnet, in die junge Leute Kisten hineinschleppen. Neugierig gehen wir mit. Das ist ein Art Kunsthandwerkermarkt mit Selbstgemachtem: Seife und Parfüme, alles handmade auf Skye, auch Marmeladen, Plätzchen, Selbstgestricktes für Kinder und Erwachsene und viele schöne künstlerische Fotos im Passepartout als Erinnerungsbilder. Wir kaufen eine Marmelade und Shortbread-Kekse mit Whisky-Geschmack. Von der Seife, die wir gerne gekauft hätten, existiert nur ein Ansichtsstück. Die sei noch unterwegs, sagt man uns, aber man könne sie auch im Postoffice kaufen. Das tun wir dann auch. Der Postladen bietet, wie bei uns einige Postshops, allerlei Andenken und Nützliches wie Ansichtskarten.

Ansichtskarten. Erstmals auf einer unserer Reisen haben wir uns das Schreiben völlig abgeschminkt. Nicht wegen der Ansichtskarten, sondern wegen des horrenden Portos, das Schottland verlangt: 1,35 Pfund pro Karte; das sind fast 1,70 Euro. Stattdessen, nehmen wir uns vor, dass wir zuhause am Computer einen mehrseitigen „Ansichtsbericht" mit Fotos kreieren wollen. Wer weiß, der wird dann vermutlich genauso verzögert ankommen wie eine

Ansichtskarte, nämlich wenn wir schon zuhause sind.

Schon wieder Haggis

Wir finden zwei Plätze in einer Snackbar. Dieses Mal wird der Haggis zwischen zwei Scheiben gebratenem Blackpudding serviert, mit einer pikanten Senfgirlande auf dem Teller. Dazu zwei Gläser Cabernet Sauvignon und zwei Wasser. Dafür zahlen wir keine 30 Pfund. Beim Hinausgehen entdecke ich die Eis-Bar am Eingang und ordere zwei Kugeln Blue Banana und Rum mit Rosinen. Auch lecker.

Noch ist ein wenig Zeit. Wir haben uns inzwischen entschieden, mit John zurück zu fahren und schlendern bis zur Abfahrtszeit noch ein wenig durch kleine Geschäfte mit Tweed-Jacken, Kaschmir-Schals und Pullover. So richtig fahre ich ab auf eine blaue Tweed-Kappe in der Form, wie sie Sherlock Holmes trug, die Ohrenklappen mit einer Taftschleife nach oben gebunden. Es ist ein Original-Teil von der Insel Harris, die für handgewebten Qualitäts-Tweed bekannt ist. 40 Pfund. Das Futter ist seltsamerweise aus Polyester. Aber das hinterlässt vielleicht weniger Spuren beim Schwitzen, als wenn man Taft benützt. Wie auch immer: Sie passt mir und auch Bernhard, nachdem wir den gleichen Kopfumfang besitzen und viele Hüte gemeinsam kaufen und abwechseln tragen.

John steht mit seinem Bus pünktlich um 14.30 Uhr an der Haltestelle, wo er uns auch abgesetzt hatte. Bis auf Martin Graue sind wir alle wieder da. Der begrüßt uns allerdings im Hotel. Wir unternehmen nun doch noch einen kleinen Spaziergang am Wildbach. Vergeblich versucht

Bernhard, seine Leki-Stöcke, die er in den Dolomiten gekauft hat, in Gang zu bringen. Es sind besonders praktische, die man in einem schmalen Sack falten kann und die deshalb wenig Platz benötigen. Er wird sauer, weil es ihm nicht gelingt, deshalb nimmt er sie irgendwann in die Hand und wir gehen zurück.

Das Abendessen ist heute wieder von uns selbst zu organisieren. Es gibt dafür keine Auswahl: Wir müssen in die Suom-Bar in der bekannten Scheune und lassen uns zu zweit eine Fischplatte schmecken. Der Merlot hier ist okay. Die zwei Heikes und Judith sitzen am Nebentisch. Wir können uns nicht zusammensetzen, weil die Tischordnung immer maximal vier Personen vorsieht. Egal. Wie die ganzen Tage auf dieser Reise gehen wir zu Bett, bevor es richtig dunkel ist. Das englische Fernsehprogramm fixt uns nicht an. Nachrichten hatten wir schon. Es sind sowieso nur britische Nachrichten.

6. Tag

9.00 Uhr Abfahrt zur Fähre. Abwechslungsweise regnet es mal wieder kräftig. Mehrere Wasserfälle aus den Red Cuillins schütten ihre Wasser in die See. Fast alle Buchten heißen hier Loch, obwohl es ja wirklich keine Seen sind, sondern Teile des Atlantiks. Die Straße zerschneidet scharfkantig Granit-Felswände. Martin Graue deklamiert gekonnt und vermutlich mit ausgebildeter Stimme aus Stefan Zweigs „Maria Stuart". Schweigend folgen wir der Geschichte, die ja so tragisch ausging. Der Fährhafen Armadale war übrigens Geburtsort und zeitweise Wohnort von Flora MacDonald.

Ich freue mich auf ein Lädchen am Fährhafen, in dem es schottische Stoffe geben soll. Zu gerne würde ich Bernhard als Souvenir ein schottisches Mützchen nähen, wie er sie so gerne in geschlossenen Räumen trägt, damit ihm „die Haare nicht vom Kopf fliegen". Aber es gibt keine Meterware, nur die üblichen Schals, Plaids, Mützen und Tweed-Jacketts. In einem zweiten Lädchen für Keramik und Krimskrams erwische ich einen bunten zwei-dimensionalen Dackel mit Sandpapier auf der Rückseite, quasi zum Fingernagel-Feilen. Wer uns aus früheren Büchern kennt, weiß, dass eine Dackel sammelnde Nachbarin unser Haus und den Briefkasten hütet, wenn wir reisen. Also das ideale Mitbringsel für unsere Gitti.

Die 40 Minuten Überfahrt vergehen im Fluge. Draußen stürmt es, deshalb bleiben wir innen, in einem langen Raum seitlich des Schiffs-rumpfs. Zu sehen ist sowieso nicht viel. Hinter

uns und vor uns versinken die Ufer in Regenschauern. Tschüss Insel Skye. Es muss wun-
dervoll sein, auf ihren Wanderwegen entlang
der Küste und im Anblick schroffer Bergfelsen
unterwegs zu sein. Vor allem, wenn erst die
Erikawiesen im prallen Lila stehen. Bei Sonnenschein würden uns jetzt vielleicht Delphine
begleiten oder Seehunde. Aber so ist das eben
mit dem Wetter.

Frohe Pfingsten

Pfingstsonntag. Mein „Frohe Pfingsten" im
Bus wird überhört. Die Reformation in Schottland kennt auch kein Pfingsten. Die Geschäfte
sind heute geöffnet. Ein ganz normaler Sonntag. Es ist hauptsächlich John Knox, der als
Schlüsselfigur der schottischen Reformation
genannt werden muss. Geboren vermutlich
1514, studiert er Theologie und Rechtswissen-
schaft und beschäftigt sich früh mit Luthers
Lehren. Calvin in Genf hatte es ihm angetan.
Sein Mitstreiter, der schottische Reformator
George Wishart, wird auf dem Scheiterhaufen
verbrannt. Knox wird verhaftet, verbringt zwei
Jahre als Häftling auf einer Galeere, bis er 1549
freikommt. Nach wie vor wird er wegen seiner
reformatorischen Lehre verfolgt. Er flieht nach
Genf und lebt auch einige Jahre in Frankfurt
am Main. Dann kehrt er nach Schottland zu-

rück. Nun ist die Zeit reif für Reformation. Mit führenden Köpfen der Reformation verfasst er im Auftrag des Parlaments die Evangelische Bekenntnisschrift. Dies gilt als Gründungsstunde der „Church of Scotland"

Knox agiert als schonungsloser Gegenspieler der katholischen Königin Maria Stuart. In Stefan Zweigs Roman „Maria Stuart" wird er als der „eisenköpfigste und unbarmherzigste aller Kirchengründer bezeichnet, der seinen eigenen Lehrer Calvin an Unerbittlichkeit und Unduldsamkeit noch übersteigend."

Die Church of Scotland ist eine reformierte Kirche, aber nicht vergleichbar mit der anglikanische Staatskirche, deren Oberhaupt die Queen ist. Weniger als sieben Prozent der Bevölkerung gehören ihr an, wenngleich sich bei der letzten Volkszählung fast ein Drittel der Bevölkerung als zugehörig bezeichnete. Die Kirche hat Gemeinden in allen Teilen Schottlands, aber auch einige in England sowie 15 Gemeinden außerhalb des Vereinigten Königreichs. Die Gemeinde für den deutschsprachigen Raum operiert aus Bochum.

Wir fahren über Arisaig, wo angeblich Bonnie Prince Charlie erstmals schottischen Boden betrat, um die schottischen Clan-Führer gegen die Engländer zu mobilisieren. Hier am Ufer des Loch Shiel habe Bonnie Prince Charlie im August 1745 die schottischen Clans zum Kampf gegen die Engländer eingeschworen.

Durch Basaltschluchten erreichen wir den Parkplatz Glennfinnan-Monument. Es ist ein aus Bruchsteinen gemauerter Turm mit einer Highlander-Figur auf dem Top. Die sieht man auch von oben, wenn man einen steinigen Weg bergaufwärts steigt.

Der Gag: Von der Aussichtsplattform ist das Glenfinnan-Viadukt zu sehen. Die ein tiefes Tal überspannende Eisenbrücke mit 21 Bögen kennen Harry Potter-Fans als Weg des Harry Hogwarts-Expresses. Mit ihm kann man mit der Dampflok von Fort Williams nach Mallaig fahren und dabei fangfrische Muscheln und Lachs schnabulieren.

Fort Williams

Im 17. Jahrhundert kontrollierte hier ein Fort den Zugang zum Great Glen, durch das heute der Caledonian Canal verläuft. Fort Augustus (siehe Seite 55) war der zweite Kontrollort. Das namensgebende Fort existiert nicht mehr. Trotzdem kommen viele Touristen, um von hier aus den Ben Navis zu besteigen. An klaren Tagen soll man – immerhin 200 Kilometer weit - bis nach Irland schauen können.

Als wir auf dem Parkplatz stehen, „schaufeln" gerade orangefarbene Tenderboote wahre Passagiermassen von einem der ankernden Kreuzfahrtschiffe hin und her. Brav stehen sie in Schlange und warten, bis sie an der Reihe sind. Schrecklich, wenn so ein pittoresker Ort schlagartig von Hunderten von Touristen über-spült wird, die dann genauso zügig wieder ab-fließen, wie sie angerollt kamen.

Wir trollen uns in den Ort und suchen Kost in einem kleinen Restaurant. Mal wieder Fish and Chips für mich und für Bernhard ein Chicken Geschnetzeltes. Ein Glas Zinfandel erinnert uns an unseren guten Primitivo zuhause. Selten auf einer Reise haben wir durchgängig so schmackhaft gegessen und getrunken wie hier in Schottland.

Glencoe

Wir machen uns auf in ein berühmtes Tal. Mit seinen Gipfeln gehört es zu den besonders be-eindruckenden Berglandschaften Schottlands. Noch jetzt im Juni hängen ein paar Schneebret-ter unter den Gipfeln. Im Tal sehen wir idylli-sche Wanderwege, vermutlich ehemalige Säu-merpfade, über die auch geschmuggelt wurde. Auf einem Halteplatz lädt uns Martin Graue zu einem Whiskylikör ein. Die sich weit strecken-den Talwände mit grünen Matten und niedri-gem Bewuchs scheinen unendlich, einsam und menschenleer. Hier sollen die Schlussszenen des James-Bond-Thrillers „Skyfall" gedreht worden sein. Wir sahen ihn im Kino. Es waren Nachtszenen und ich erinnere mich hauptsächlich daran, dass die Schurken Bond und seine Chefin M am Taschenlampenlicht lokalisierten. Zig Jahre früher filmte Hitchcock hier „Die 39 Stufen". Auch Filme über die Highländer und Harry Potter bedienten sich dieser natürlichen Kulissen.

Etliche düstere Mythen und Sagen Schottlands spielen und entstanden im Glencoe. So sollen der Sagenkönig Fingal und die Hexe Bean Nighe hier gehaust haben Dazu gab es Zwistigkeiten zwischen den Clans der regierungstreuen Cambells und der freiheitlich denkenden MacDonalds; Jahrhunderte bevor sie in den USA Suppen, Ketchup und Bouletten erfanden und zu berühmten Unternehmern aufstiegen.

Um 1500 erreichten die politischen Spannungen durch das Wohlstandgefälle zwischen Lowlands und Highlands auch das abgelegene Tal. Es wurde Vieh geklaut und betrogen, Häuser niedergebrannt und gemordet. Ich rieche den Qualm verkokelter Balken; sehe vermummte Reiter mit Säcken über die Moosmatten galoppieren. Ich höre die Schreie verprügelter Kinder und missbrauchter Frauen und ahne Zwietracht, Neid und Missgunst, Hinterhalt und Mordlust. Zuviel James Bond gesehen. Jedenfalls habe die Regierung seinerzeit nur zugesehen und gehofft, dass sich die Kontrolle über die Highlands von selbst regulieren würde.

Wieder machen wir eine Prost-Pause. Jetzt lädt uns John zu einer Runde Whisky Marke Moorhuhn ein, zusammen mit einem Finger Shortbread und der Ermahnung, diesen Keks keinesfalls in den Whisky zu tauchen. Auf der Landkarte sehe ich, dass wir am Nationalpark Trossachs vorbeifahren. Auch Hinweisschilder an der Straße weisen darauf hin. Dabei handelt es sich um die Ausläufer der Highlands, die letzten Berge und Täler, ein romantisches Freizeitgebiet für Wanderer und Ausflügler aus den städtischen Metropolen.

Die Trossachs

Popularität erlangten die Trossachs mit ihren Wäldern und Schluchten durch das Gedicht von Sir Walter Scott „The Lady of the Lake" aus dem Jahr 1810. Dabei trifft König Jakob, der in der Dichtung in cognito als Ritter Fitzjames auftritt, am Loch Katrine auf den Kahn von Ellen Douglas. Sie hält ihn erst für einen heimkehrenden Freund, bemerkt den Fehler aber und wendet das Boot, um zur Insel zurück zu kehren. Der König ist verzaubert von ihrer Schönheit und Anmut und spielt den Verirrten und Hilfebedürftigen, damit sie ihn mit auf die Insel nimmt. Die Insel indes ist das geheime Exil Ellens Familie, ein Versteck vor der Willkür just jenen Königs, der sie aus dem Castle Stirling vertrieben hatte und den sie jetzt im Boot sitzen hat. Sie nimmt ihn mit auf die Insel, gibt ihm ein Obdach, ohne zu wissen, dass er ihrer Familie weiteren Schaden bringen könnte. Die Männer, die den König erkannt hätten, sind nicht da und erfahren davon erst, als sie ihn wieder ans Festland zurückgebracht hatte. Kurzum: Die Geschichte geht gut aus. Die bittenden Augen Ellens stimmen den König milde. Die Douglas dürfen wieder auf ihr Schloss. Fontane: „Die Lokalität scheint eine romantische Dichtung fast wie herauszufordern; keine Jungfrau vom See kann hier ans Land springen, ohne auf Augenblicke für die Seejungfrau selber gehalten zu werden."

Im Übrigen beschrieb Fontane die Gegend zwar prosaisch, aber wenig unromantisch als „einen Pass, eine Schlucht, ein Hohlweg, der sich an einem Flüsschen zwischen den Felsmassen des Ben A'an und Ben Venue hinzieht, die wie Wächter neben dem Loch Katrine stehen und, ihre Häupter in seinem Wasser spiegelnd, ihre breiten Rücken bis zum Loch Achray hin zurückstrecken." Fontanes Begeisterung hielt sich Anno 1847 wirklich in Grenzen, indem er meinte, „ähnliche landschaftliche Physiognomien schon oft gesehen zu haben." Heute umfasst der Trossachs Nationalpark 354 Kilometer Wander- und Bergwege, zwei Waldparks, 40 Gipfel über 762 Meter Höhe und 22 Seen, unter anderem Loch Lomond, der größte und tiefste See Schottlands.

Nun weitet sich die Landschaft nach beiden Seiten. Es geht in Richtung Edinburgh an Stirling vorbei, dessen Lage Fontane doch sehr an Edinburgh erinnerte. Angeblich sähe Stirlings Schloss aus wie ein sitzender Löwe, während Edinburgh Castle einem liegenden Löwen gleiche. Schade, dass wir uns dazu keine zweite Meinung bilden können.

Auf der rechten Seite sehen wir nun die Schleuse bei Falkirk, die durch zwei besonders riesenhafte, 30 Meter hohe Pferdeköpfe aus Stahl auffällt. Sie symbolisieren Treidelpferde, die ab 1790 den 110 Kilometer langen Kanal zwischen Glasgow und Edingburgh bedienten.

© Colin

Die Skulpturen heißen „Kelpies" und stellen gefährliche keltische Wassergeister in Pferdegestalt dar. Falkirk Wheel war 2017 das erste und einzige rotierende Schiffshebewerk, das den Forth & Clyde Canal mit dem 25 Meter höheren Union Canal verbindet. Die Anlage ersetzt eine sonst übliche Treppe von elf Schleusen. Hätte ich gerne genauer gesehen.

Auch an Linlithgow, Geburtsort von Maria Stuart, sehen wir nur die Abfahrtschilder. Das

Schloss könnte man wohl sehen von der Straße aus, aber die Sicht darauf ist seit langer Zeit zugewachsen. Fontane grub dazu noch einen schottischen Reim aus:

„Glasgower Glocken und Falkirker Bohnen,
Lithgrower Brunnen, um dran zu wohnen,
Stirlinger Hefen und Perther Bier,
alle Tausend, so lob ich's mir."

Vom Linlithgower Brunnen (dichterisch ist der Name verkürzt), der dort am Rathaus stehen soll, werden wir eine Kopie im Hof des Königspalastes Holyrood in Edinburgh sehen können. Von weitem blinkt ein rotes Licht von den Brücken über den Firth of Forth. Still ruhen Getreidefelder um moderne große Farmhäuser. Weiße Margeriten blühen an den Straßenrainen. Links liegt der Airport Edinburgh. Große Plakate werben für die Royal Highland Show Ende Juni. Da geht es außer um Haggis-Schleudern auch um große Kraftspiele, etwa einen Baumstamm so hochzuwerfen, dass er sich überschlägt. Das mit dem Zwergen-Weitwurf ist wohl eine Erfindung.

Highland-Games

Die Highland Games sind traditionelle Veranstaltungen mit sportlichen Wettkämpfen. Diese waren ursprünglich Bestandteil der Treffen

(Gatherings) schottischer Clans in den schottischen Highlands. Dort sind sie auch heute noch zu Hause, finden sich aber auch weltweit überall, wo sich Schotten angesiedelt haben. Diese Wettkämpfe stammen aus der Zeit der keltischen Könige. Eine Art Bewerbung, um die stärksten und schnellsten Männer als Leibwächter und Boten für den König rekrutieren zu können.

In Schottland gibt es jährlich bis zu 100 Highland Games, die die Scottish Highland Games Association (SHGA) organisiert. Die bekanntesten finden alljährlich im September in Braemar statt. Sie stehen unter der Schirmherrschaft von Königin Elisabeth II., deren traditioneller Sommersitz das nahegelegene Balmoral Castle ist. Deshalb kommt sie regelmäßig auf ein Stündchen zu Besuch. Weltweit organisiert die International Highland Games Federation (IHGF) seit 1980 sogar Weltmeisterschaften.

Diese traditionellen Veranstaltungen mit sportlichen Wettkämpfen gibt es inzwischen überall, wo sich Schotten im Geist treffen oder Schottland-Fans ihre Kraft unter Beweis stellen wollen. Auch in Deutschland finden jährlich ungefähr 30 Highland-Games statt. Die ersten deutschen Meisterschaften für Mannschaften wurden am 2010 in Rüsselsheim ausgetragen. 2014 gründete sich der 1. Highlander Sportclub in Darmstadt. Auf dem Trainingsgelände, einem verwilderten Wurfplatz, wird Gewichtsweitwurf, Steinstoßen, Strohsackhochwurf und Baumstammüberschlag geübt.

Anfänger müssen sich nach dem ersten Training dem Ritual des „Mützings" unterziehen; sie müssen ihre Unterhose ausziehen und sie für den Rest des Abends als Mütze tragen. Kontakt: info@highlander-darmstadt.de

Edinburgh

John fährt mit uns einige Prachtstraßen ab. Das Castle hoch über der Stadt ist schon einmal zu sehen, einige angeblich berühmte Colleges und Kirchen. Die Karrees der Straßen, vor allem gepflegte Klassizistische, viktorianische Fassa-

den, auch ein paar luxuriöse Hotels (leider nicht für uns gedacht) schenken einen ersten Eindruck von der Schottischen Metropole. Der Gesamteindruck ist überwältigend, wenngleich wir uns nichts von dem merken können, was uns Martin Graue erzählt. Ja, wir fuhren durch die Princess Street. Aber sahen wir das weltberühmte Kaufhaus Jenners aus dem Jahr 1838? Ich kann mich nicht erinnern. Es war so viel, was uns da um die Ohren flog. Wir landen im Süden der Stadt in der Grovestreet, eine schmale Seitenstraße der Fountainbridge, am Fuße des Castles. Diese Gegend zählt zur Old Town, sehen wir später auf dem Stadtplan.

„Kein Stern leuchtet schöner als die Lichter der Straßen von Edinburg", schrieb der schottische Schriftstelle Robert L. Stevensohn (1850 bis 1894), unter anderem bekannt durch „Die Schatzinsel" und die Schauernovelle „Der seltsame Fall des Dr. Jekyll und Mr. Hyde".

Edinburgh wurde vor über 500 Jahren gegründet, besitzt heute ungefähr eine halbe Million Einwohner. Die ersten Siedler seien die Pikten im 5. Jahrhundert gewesen, die eine Festung auf dem heutigen Burgberg errichteten. Der Name scheint auf König Edwin im 7. Jahrhundert zurück zu gehen. 1329 erteilte Robert I. Bruce die Stadtrechte und das Recht auf den

Hafen von Leith. 1482 wurde Edinburgh Hauptstadt. 1592 gründete sich die Universität als Hochburg für Forschung. Fast alle Leibärzte der russischen Zaren hatten in Edinburgh studiert, lese ich. Die Hauptstadt am Rande Europas ist seit 1996 Weltkulturerbe, kultureller Mittelpunkt Schottland, dazu Festival-Hochburg und Heimat der besten Köche und Kiltmacher. Dank zahlreicher Literaten – angefangen von Sir Walter Scott bis J.K. Rowling - erhielt Edinburgh als erste Stadt den Titel UNESCO City of Literature.

John, der Coachdriver verabschiedet sich hier. Morgen sind wir auf unsere Füße angewiesen. Am letzten Tag wird irgendein Fahrer den Transfer zum Flughafen übernehmen. Eines ist klar: Wir werden viel zu kurz hier sein, um erfüllend über Edinburgh berichten zu können. Die Stadt ist sehr groß und besteht auch noch aus mehrere Etagen. South-Bridge und Nord-Bridge überqueren keinen Fluss, sondern überspannen im Terrain des Castles die tiefer gelegenen Wohnquartiere.

Noch erleuchtet die Abendsonne die historischen Gebäude. Der uns übergebene Stadtplan ist wegen der eingebauten Werbelogos zwar schwer zu lesen, aber nichts hält uns in unseren engen Hotelzimmern. Wirklich noch nie habe ich gesehen, wie verwinkelt und auf geringstem Raum man Waschbecken, Toilette und Dusche zusammenpressen kann. Es ist nicht einmal Platz vorhanden für eine Aufhängung der Toilettenpapierrolle. Es gibt hier auch keinerlei Steckdose, in der wir unsere Zahnbürsten aufladen oder den Föhn betreiben könnten. Dass ich keine drei Zentimeter breiter sein dürfte, um die Duschkabine zu besteigen, ohne anzuschrammen, merke ich noch in dieser Nacht.

Die Einrichtung: eine Art Vintage-Stil, wie immer Kissengebirge, die wir sofort in die Ecken verbannen. Die Abendsonne scheint auf die gegenüberliegende Hausfassade; die ist zugleich unsere Aussicht aus dem Zimmer. Das Hotel scheint eine Anlage im Karree zu sein, wobei die billigen Zimmer alle in den Innenhof schauen. Also erst einmal los in die Stadt. Im Foyer treffen wir noch Heike, Anna Maria und Jörn sowie Brunhilde und Erika. Gemeinsam suchen wir ein Lokal.

Unser abendliches Ziel: Grassmarket

Etwa knappe zwei Kilometer schlendern wir über Fountainbridge und Westport zum Grassmarket, ein länglicher Platz, auf dem früher Viehmarkt abgehalten wurde.

Heute ist es ein Treffpunkt für Jung und Alt, Studenten, Touristen und Alteingesessene. Auf beiden Seiten des Platzes reihen sich historische Häuser, viele Pups, Restaurants, Straßencafés und weitere Sitzplätze in der Mitte des Platzes. Das „The white Hart Inn" mit einem weißen Hirschen war angeblich der Lieblingspub von Robert Burns. Es ist Anfang Juni

und ein herrlich warmer Sonntagabend. Das dachten sich wohl auch andere; denn wir klappern mehrere Restaurants vergeblich ab, bis wir einen Tisch für sieben Personen finden. Und dann auch noch ein Italiener. Warum eigentlich nicht. Er bietet gute Weine an und auch eine reichhaltige Speisekarte. Begeistert bestellen wir uns einen Primitivo, den wir zuhause am liebsten trinken. Freilich kostet hier ein Glas so viel wie bei uns eine ganze Flasche. Aber das ist so auch in anderen Metropolen.

Weil unsere Bedienung Italienerin ist und zwei von uns Probleme haben, das italienisch gefärbte Englisch auf Anhieb zu verstehen, helfe ich in Italienisch aus. Dazu muss man wissen, dass ich über das Anfängerlernen leider nie hinaus gekommen bin. Trotzdem kommuniziert die junge Frau ab sofort nur noch über mich und zwar in Italienisch. Bernhard grinst. Dabei kann ich viel besser Englisch und Niederländisch als Italienisch.

Heike aus Berlin möchte gern noch auf einen Absacker in ein anderes Lokal gehen, das auf dem Nachhauseweg liegt. Da machen wir mit und landen im Pub Fiddler's Arms. Als wir wieder am Hotel ankommen, vermisse ich meine Kameratasche. Heiß fällt mir ein, dass ich die im Pub über die Stuhllehne gehängt und dann vergessen habe. Es ist meine beste Kamera, mit nahezu 90 Prozent aller Aufnahmen von dieser Reise. Bernhard will sofort mit mir zurückgehen; aber das geht mir zu langsam. Ich schicke ihn ins Hotel und jogge die zwei Kilometer zurück zum Grassmarket.

Gottseidank habe ich die Ausdauer, solche Strecken schnell zu laufen. „Bloß nicht stolpern", raune ich mir mehrmals zu, als ich um die verschiedenen Ecken und über die Straßen flitze. „Schnell, schnell", feure ich mich selbst an, weil ich Sorge habe, dass der Pub womöglich schließt oder ein Gast die Kamera einfach mitnimmt. Nach knapp zehn Minuten stürme ich in den Pub und auf meinen Platz zu. Weg. Die Kameratasche hängt nicht da, wo ich sie hingehängt hatte. Ich atme hörbar tief. Enttäuschung. Trauer. Doch dann höre ich vom Tresen ein Geräusch, das wie ein Lächeln klingt. Da steht der Wirt und hält in beiden Händen meine Kameratasche. Ich schließe die Augen und alle Sorge fällt von mir ab. Ich lehne mich an den Tresen und fingere aus meinem Geldbeutel den letzten 50-Pfund-Schein. Er nimmt ihn nicht und drückt mir nur die Kamera in die Hände. Dankbar verabschiede ich mich mit vielen Thankyous und mache mich wieder auf den Heimweg. Jetzt im gemäßigten Schritt. Vergeblich versuche ich, Bernhard zu verständigen, dass ich die Kamera habe und nun etwas langsamer zurück zum Hotel komme. Aber „der Teilnehmer meldet sich nicht". Ich habe keinen Hotelschlüssel und weiß nicht, ob es dort einen Nachtportier gibt. Aber als ich vor der Hoteltüre stehe, sehe ich erleichtert durch die Glasscheibe meinen Mann im Foyer sitzen.

7. Tag

Edinburgh oder – wie es die Edinburgher nennen: Edinburra.

Der historische Kern – die heutige Old Town - am südlichen Ufer des Firth of Forth, gründet auf sieben Hügeln vulkanischen Ursprungs. Von dem Fluss Leith, der als Hafen zur Nordsee entstand, ist innerhalb der Stadt nichts zu sehen. Die Royal Mile, direkte Verbindung zwischen Castle und Holyrood Palace und tatsächlich ungefähr eine schottische Meile lang, bildet die Hauptachse der Stadt. Fontane beschrieb zu seinen Zeiten noch mit Namen wie Canongate und Highstreet. Aber das sind nur Teilstrecken der Royal Mile, die als solche noch ihre Namen tragen. Schon zu seiner Reisezeit schrieb er von achtstöckigen Hochhäusern, die sich an den Burgberg schmiegen. Besser können wir es auch nicht formulieren: „Das Grau dieser Häuser entspricht jenem unbestimmten Farbton, der uns inmitten alter Dome so oft entzückt und zur Andacht gestimmt hat".

Durch den wirtschaftlichen Aufschwung von Handel und Banken herrschte bereits zu jener Zeit Übervölkerung und Raumnot. Menschen verschiedener sozialer Klassen lebten eng im selben Gebäude zusammen: die Armen auf den unteren Stockwerken und in den Kellergewölben, die Reichen auf den mittleren und oberen Etagen. Auch heute noch sieht man rund um das Castle solche alten Hochhäuser. Enge Treppen und Steige, sogenannte Closes, führen zwischen jenen Häusern von der Royal Mile rechts und links abwärts in die Unterstadt. Sie heißen unter anderem Fleshmarket Close, Old Assembly Close, Old Fishmarket Close. In einigen findet man auch idyllische Hinterhöfe mit urigen Pubs.

Als 1752 entschieden wurde, die Stadt nach Norden hin zu vergrößern, entstanden in jener „New Town" neue ausgedehnte Wohngebiete und Prachtstraßen für Akademiker und Wirtschaftsunternehmer und repräsentative Gebäude, unter anderem auch das berühmte Kaufhaus Jenners in der Princes Street. Die „Old Town" war nun das Wohngebiet der Armen. Die Gebäude reichten teilweise bis 15 Stockwerke in die Tiefe. Einige dieser Relikte sehen wir auf dem Weg zum Castle.

Wir treffen uns nach dem wie üblich hervorragenden Frühstück um neun Uhr an der Rezeption und gehen zu Fuß – schon wie gewohnt – zum Grassmarket. Bei Tag sieht er genauso nett aus mit seinen zweistöckigen unverputzten Steinfassaden an Kneipen, Pubs, Restaurants, die sich mit kleinen Giebeln aneinander reihen. Dieser Markt wurde 1477 von König James III. eingerichtet als Zentrum für Händler und Viehzüchter. Erst 1911 wurde er offiziell als Handelsplatz geschlossen und dient heute als gesellschaftlicher Treffpunkt.

Seit 1660 fanden hier fast täglich öffentliche Hinrichtungen statt. Am 4. Februar 1784 ließ der Räuber James Andrews hier als letzter sein Leben. Es heißt, dass die Verurteilten sich vor dem Tod ein letztes Getränk wünschen durften. Nach diesem Brauch heißt die Kneipe an der Stelle noch heute „The Last Drop". Ein im Boden eingelassenes Kreuz markiert den Platz, wo der Galgen stand.

Die Victoria Street, die von links in einem Bogen zum Grassmarket herunter kommt, sollen wir uns merken, damit wir von der Royal Mile unseren Weg zurück zum Grassmarket finden können. Dazu müssen wir an der Kreuzung Lawnmarket in die George IV. Bridge abbiegen und landen dann automatisch auf jener Victoria Street. Ich schreibe es mir besser auf. Jetzt erst einmal gehen wir aber weiter auf der Candlemaker Row zur

Greyfriars Kirkyard

Die Kirche liegt hinter einem mit Lanzenspitzen bewehrten Eisengitter. Wir gehen ausschließlich über den von hohen Mauern umgebenen Friedhof. Das ganze Ensemble stammt aus dem Anfang des 17. Jahrhunderts. Aller-

dings wurde die Kirche 1679 benutzt, um Gefangene einzusperren, die sich gegen den König stellten, der ihnen die englische Kirchenliturgie aufzwingen wollte. Die meisten wurden angeblich freigelassen, nachdem sie dem König Treue geschworen hatten. Einige wurden nach Übersee deportiert, einige hingerichtet, was noch heute für allerlei Spukgeschichten sorgt.

Harry Potter-Erfinderin J.K. Rowling sei auf

dem Friedhof häufig spazieren gegangen, heißt es im Internet. Und tatsächlich findet sich auf einem der Gräber der Name ‚Thomas Riddel‘, der Name, der im Roman zu Lord Voldemort mutierte. Weitere Potter-Fans bekannte Namen sind ebenfalls hier zu finden: Wiliam McGonagall und ein Mr. Moody. Greyfriars bedeutet Graubrüder, wie die Franziskaner wegen ihrer grauen Gewänder genannt wurden. Von der niederländischen Nordseeinsel Schiermonnikook kennen wir den gleichen Ursprung von schier = grau, monnik = Mönch.

Wir verlassen den Kirchhof und treffen am Ausgang auf eine kleine Bronzeskulptur, genannt Greyfriars Bobby, ein Hund mit schon blank gestreichelter Schnau-ze. Angeblich habe der struppige Skyterrier seinem 1858 verstorbenem Herrchen, daselbst Friedhofswärter, die Treue gehalten und sei 14 Jahre nicht von seinem Grab gewichen, bis er selbst starb. Man habe ihn mildtätig durchgefüttert und dann dieses lebensgroße „Denkmälchen" errichtet, vor dem man sich heute fotografieren lässt.

The elephant house

Das rot angestrichene Café hat Kultcharakter. Angeblich soll Joanne K. Rowling hier den Harry Potter erfunden haben. Stimmt aber nicht, korrigiert Inhaber David Taylor. Ja, er

habe sie öfter im hinteren Teil des Cafés schreiben sehen, aber die Figur Harry Potter sei ihr auf dem Weg von Manchester nach London eingefallen, habe sie selbst einmal in einem Interview erzählt.

Vis á vis an der George IV. Bridge sehen wir ein für Schottland ungewöhnliches Fassadenschild für „The wereld famous Frankenstein &

Bier Keller". Tatsächlich bietet dieses Etablissement der Glendola Leisure Group am Wochenende von zwölf Uhr mittags bis zwei Uhr nachts deutsches „Futtern wie bei Muttern" an, mit Bratwurst, Bockwurst, Schnitzel und Apfelstrudel, Oktoberfest, Comedy und Kabarett. Wer's braucht?

Upps. Im Fontane-Buch entdecken wir, dass es hier zu seiner Zeit schon ein „Bierhaus" gegeben habe, als Sammelplatz für Soldaten.

Das ehrwürdige Crown-Office war der Sitz der juristischen Fürsprecher verschiedener Könige, eine Art Staatsanwaltschaft. Durch die Chamberstreet – vorbei am Standbild des schottischen Architekten William Chambers und mit Blick auf die zwei Säulenhallen des National Museums - erreichen wir die Southbridge, die bergaufwärts zur Royal Mile führt. Karl II. hoch zu Ross verschönt seit 1685 den Hof des ehemaligen schottischen Parlaments am Parliament Square. Es wird nur noch kulturell benutzt. Das neue Parlament steht am Holyrood-Palace.

St. Giles Cathedral

Die Begräbnis- und Erinnerungskirche St. Giles Cathedral betreten wir durch das Untergeschoss, in dem sich ein Café befindet.

Sie gilt als Hauptkirche der „Church of Scotland" und stammt in ihren Anfängen aus dem Jahr 854. 1385 brannte sie ab und wurde im gotischen Stil neu aufgebaut. John Knox habe hier im 16. Jahrhundert gepredigt. Wuchtig wie eine Fackel der Wahrheit steht seine Skulptur in dieser Kirche. Auch in Genf ist er als lebensgroße Statue auf dem internationalen Reformationsdenkmal vertreten. Sein Leib liegt begraben im Süden der Kirche, bescheiden unter einem Parkplatz. Nr. 23.

Andächtig betrachten wir den Thron der Königin in der neugotischen „Thistle Chapel"; dies ist die Ordenskapelle für die 16 Ritter des Ordens „of the Thistle", zu denen auch Prince Charles gehört. Martin Raue zeigt uns innerhalb des geschnitzten Chorgestühls gar einen Engel mit Dudelsack. Die einer Brautkrone ähnelnde Turmspitze – so beschrieb sie Fontane – erkennen wir erst vom Castle aus. Treffend beschrieben, Herr Kollege.

Der Weg zum Castle

Wir kommen an die Kreuzung George IV.-Bridge, – der schon angekündigte Weg zurück zum Grassmarket. Den werden wir wiederfinden. Doch vorerst weiter auf der Royal Mile heißt das nächste Teilstück Lawnmarket. Das Haus mit einem goldenen Adler ist das sogenannte Robert-Burns-Haus, auch wenn er nicht in Edinburgh geboren ist. Zusammen mit Walter Scott zählt Burns (1759 bis 1796) zu den berühmtesten schottischen Dichtern. Zu seinen Ehren wird jährlich am 25. Januar (sein Geburtstag) – und nicht nur in Schottland, sondern überall, wo man ihn verehrt und schottische Wurzeln pflegt - das „Burns Supper" abgehalten, eine Abfolge fester Rituale mit Gedichten, Reden und viel Whisky. Auf der

Speisekarte steht immer das gleiche: Suppe, Haggis mit Steckrüben und Kartoffeln und als Nachtisch ein Trifle, eine Art schottische Tiramisu aus geschichtetem Obst, Bisquit, Cream und kräftig mit Alkohol getränkt. Siehe auch Seite 71

Edinburgh Castle

Der Strom der Touristen verengt sich, je höher wir den Burgberg ansteigen. Das Castle auf dem Felsen liegt 120 Meter hoch und ist natürlich die Hauptattraktionen der Stadt, vor allem um die Mittagszeit wegen des Kanonen-Bumms.

Edinburgh Militär Tattoo

Für das bevorstehende Edinburgh Military Tattoo werden im Vorhof bereits Tribünen montiert; sieht zwar nicht malerisch aus, aber wenn die alle mit Menschen besetzt sind, fallen die Stahlträger nicht auf. 8.600 Menschen passen in die Ränge. Das ursprünglich als Militärmusik geplante Festival findet seit 1950 jedes Jahr mit Ausnahme von Sonntag täglich in den Abendstunden statt. Die meisten Akteure gehören noch immer den britischen Streitkräften an, darunter etwa 80 Tänzerinnen der Highland Spring Dancers, 180 Dudelsackspieler und Trommler. Die 217.000 Karten dafür seien

meist lange im Voraus ausverkauft. Schon
mehrmals sahen wir im Fernsehen eine Direkt-
übertragung der BBC mit deutschen Kommen-
taren im NDR. Am Ende singen alle die britische Hymne „God save the Queen" und das
schottische Lied „Auld Lang Syne". Das Festival ist keine kommerzielle Veranstaltung; die
Überschüsse werden wohltätigen Organisatio-

nen zur Verfügung gestellt.

Wir drängeln uns durch die Tattoo-Baustelle,
denn traditionell ertönt um 13 Uhr ein Kano-
nenschuss, den alle mitbekommen wollen.
Martin Graue meint, der Böller werden deshalb
um ein Uhr abgeschossen, um Geld zu sparen.
Andernorts würde man natürlich um zwölf Uhr
zwölf Kanonenböller loslassen. Aber im spar-

samen Schottland???

Der obere Burghof ist voller Menschen. Leider fehlt uns hier eine Führung, um die einzelnen Gebäude identifizieren zu können. Die St. Margaret's Chapel aus dem 11. Jahrhundert? Das Scottish National War Memorial? Der königliche Palast mit dem Zimmer, in dem Maria Stuart ihren Sohn James VI. gebar? Das Scottish Regimental Museum identifizieren wir.

Andächtige Stille herrscht in diesem Raum, in dem viele dicke Bücher nach Regimentern geordnet die Namen der 150.000 Gefallenen im ersten Weltkrieg aufgelegt sind. Die Besucher blättern eifrig, als könnten sie ihren Urgroßvater darin finden. Von Zeit zu Zeit schließt ein Aufpasser diese aufgeschlagen zurück gelassenen Bücher wieder. Still. Pietätvoll.

Martin Graue meint, dass die Kronjuwelen das Besondere wären. Wie immer: Man sieht nur, was man weiß. Und wir wissen wenig über die Castle-Anlage.

Kronjuwelen

Also stellen wir uns bei den Kronjuwelen an. Das prächtige Reichsschwert aus der Renaissance. Das Zepter, das Papst Alexander VI. 1494 an James IV. übergeben habe. Und die Krone mit 94 Perlen, 33 Edelsteinen und zehn Diamanten. Angeblich enthalte die Krone noch immer den ursprünglichen Goldenen Reif, den Robert Bruce bei seiner Krönung aufgesetzt bekam. Lange seien diese Reichsinsignien verschwunden gewesen. Sir Walter Scott forschte mit Erlaubnis von Georg IV. danach und fand sie 1818 wieder.

Ausgestellt ist auch der sogenannte Königstein, „the Stone of Scone"*, ein Block aus rotem Sandstein, etwa 66 mal 41 mal 27 Zentimeter groß. Im frühen Mittelalter galt jener Stein als heilig. Auf ihn wurden alle Könige kniend, stehend oder sitzend gekrönt. Er ist noch heute das wichtigste Symbol der Schotten. 1296 ließ ihn Eduard I. als Kriegsbeute nach London bringen, um ihn in Westminster unter dem

Krönungsthron der englischen Könige einbauen zu lassen. Die Schotten waren darüber Jahrhunderte lang erbost. Weihnachten 1950 entführten schottische Studenten den Stein und brachten ihn nach Schottland zurück. Doch die Tat kam heraus und der Stein landete wieder in London. Woran kein Schotte mehr geglaubt hätte: 1996 kündigte der damalige britische Premierminister John Major an, den Stein den Schotten zurückgeben zu wollen.

* Das nahe bei Perth gelegene Scone war das Kult-Zentrum der Pikten. Dort wurde der Stein bis 1296 in der Abtei aufbewahrt.

Wir laufen ein wenig herum, genießen die sonnige Aussicht auf Edinburgh, auch auf die Stadtkirche mit ihrem hohen Turm. Einige schottische Soldaten schreiten würdevoll im

Kilt herum; anscheinend mit Stahlbeschlägen an ihren Stiefeln, denn sie hören sich auf dem Pflaster an wie mit Eisen beschlagene Pferde.

Unsere Gruppe ist versprengt. Auch wir verlassen das Castle und merken am Burgausgang, dass wir wohl die letzten sind. Gerade kommen Anna Maria und Jörn mit Martin Graue aus einer Kirche, die sich „The Hub" nennt und in Wirklichkeit ein Cafe, oder sagen wir eine Snackbar ist, aber auch ein Veranstaltungsort, wie wir aus einigen Postern sehen, auf denen Events angekündigt sind.

„The Hub" ist die 1839 bis 1844 erbaute neugotische Highland Tolbooth Church. Sie wurde 1970 auf Grund der Vereinigung der Church of Scotland und der United Free Church of Scotland geschlossen. Das Schottische Parlament tagte in ihr bis zu seinem Neubau 2004 am Palast Holyrood. Danach wurde das Gotteshaus als Veranstaltungsort umgebaut. Es ist ein lauschiger Ort, um dort einen Snack einzunehmen. Ich probiere das erste Mal „Irn-Bru", eine nichtalkoholische orangefarbene Limonade. Man nennt sie auch die Schottische Cola; ihre Inhaltsstoffe sind, wie bei Coca Cola streng geheim. Sie riecht ein wenig nach Kaugummi, Erdbeere und Orange. John, unser Busfahrer versuchte schon, sie uns nahe zu bringen als Alternative zu Whisky für Coach-Driver. Allein die seltsamen Inhaltsstoffe erinnern an etwas, was man auf Englisch „artificially" (künstlich) bezeichnet. Wir spülen mit einem chilenischen Merlot nach und machen uns auf den Weg zum Königspalast Holyrood.

Die Royal Mile hinunter zum Holyrood-Palace wird immer schmaler. Gemütlich lassen wir uns auf dem schwachen Gefälle hinabgleiten. Je tiefer wir kommen, umso weniger Menschen sind unterwegs. Freilich gibt es hier nicht mehr so viel Geschäfte wie oben unterhalb des Castles. Dafür wartet aber das für uns letzte bedeutende Bauwerk Edinburghs auf uns.

Holyrood Palace

Der Name bedeutet „Heiliges Kreuz". Angeblich sei König David I. bei der Jagd auf einen Hirsch vom Pferd gefallen. Als er dem Hirsch ins Geweih griff, habe er plötzlich ein Kruzifix in den Händen gehalten. Es ist wohl die gleiche Geschichte vom Heiligen Hubertus. Jedenfalls sei der König so ergriffen von diesem Erlebnis gewesen, dass er 1128 eine Augustinerabtei stiftete. In der Folge avancierte das Kloster mit zahlreichen Um- und Anbauten zur bevorzugten Residenz der jeweiligen Monarchen. Aber auch hier wütete Cromwell Ende des 17. Jahrhunderts, so dass die Anlage ab 1671 erneuert und restauriert wurde. Im Wesentlichen steht sie heute noch so da. Lediglich die Abteikirche blieb als Ruine erhalten.

Holyrood Palace liegt am Fuße eines Vulkans und wird heute noch für offizielle Anlässe genützt. Jedes Jahr kommt die englische Queen, um hier einige Wochen zu verbringen. Dann feiert sie große Gartenfeste mit über 8000 Gästen, eine besondere Ehrung für Ehrenamtliche, so wie es auch beim deutschen Bundespräsidenten Sitte ist. Mit einem modernen Audio-System, das im Eintrittspreis enthalten ist, wird man akustisch und optisch mit einem kleinen Tablett ausgerüstet durch die Räume geleitet. Unter anderem gelangt man auch über eine enge geheime Treppe in das kleine Zimmer, in dem Maria Stuarts Ehemann, Lord Darnley, den Privatsekretär vor den Augen seiner Königin mit einem Dolch ermordete.

Die Füße...

So sehr wir uns bemühen: Wir finden kein Taxi, das uns den ganzen Weg zurück nach Hause ins Hotel bringen könnte. So marschieren wir tapfer los, Bernhard blickt sich immer wieder um, ob nicht doch ein Taxi kommt. Die wenigen, die wir sehen, haben zwar ihr Free-Schild beleuchtet, sind aber besetzt. Also marschieren wir die ganze Royal Mile zurück bis zum Abzweig George IV. Bridge und den großen Bogen der Victoria Street hinunter zum Grassmarket, eine hübsche Straße mit vielen kleinen Lädchen: Käse, Whisky, Schuhe, Tweed und bei „La Barantine" angeblich die besten Eclairs der Stadt. Martin Graue meint, das seien wenigstens acht Kilometer gewesen, die wir abgelaufen sind.

Abschiedsessen

Es sind etwa 20 Minuten Fußmarsch zum Restaurant „First Coach" mit internationalen Spezialitäten, auch Thai-Küche und vor allem Vegetarisches für einige unserer Gäste. Im Nachhinein vermissen wir so etwas wie eine Laudatio auf diese Reise. Aber es sind einfach nicht die Leute, die große Worte führen oder sich hervortun möchten, wie es fast auf jeder Reise jemanden gibt. So verplaudern wir die Zeit des Essens und schießen ein paar Abschluss-Fotos.

In uns beiden herrscht ein wenig Bedauern. Hatten wir uns mehr von Schottland versprochen? Für die drei Regentage kann niemand etwas. Aber irgendwie bleibt das Gefühl, man – oder besser - der Veranstalter hätte mehr aus dieser Reise machen können. Unsere Nächte waren – für uns selten – sehr lang. Wir wussten nicht, was wir hätten unternehmen können außer Essen und Trinken. Klar, in Dunkeld trafen wir am zweiten Abend – mehr zufällig, als geplant – zusammen und lernten uns besser kennen. Auf Skye saßen wir drei Abende fest in jenem Hotel, das kein Ort, sondern eine Fernbus-Haltestelle mit Brauerei und Kneipe war. Keine Chance zum Flanieren, obwohl die Tage lange hell waren. In Edinburgh waren wir zwar schon ein wenig zusammen gewachsen, aber doch isoliert in einer Kneipe am Grassmarket. Wir hätten in der Abendsonne noch schön ein, zwei Stunden durch Edinburgh schlendern können, aber ohne Führung, nur alleine mit dem Mini-Stadtplan ausgestattet, der kaum zu entziffern war? Und vor allem ohne eine Idee für eine Richtung, ohne zu weit weg von unserem Hotel zu geraten. Okay.

8. Tag

Koffer um neun vor die Tür stellen. Der Bus holt uns um 10.00 Uhr zur Fahrt auf den Flughafen. Zum Frühstück kann ich mir eine Portion Haggis nicht verkneifen.

Heike aus Berlin fotografiert uns noch einmal. Das erspart uns die Fummelei mit dem Selfie, obwohl Bernhard bei seiner Kamera das Display nach vorne schwenken kann. Während wir frühstücken, sitzt Martin Graue in einem Nebenraum an einer Essbar. Wir drücken ihm beim Aufwiedersehen-Sagen einen Geldschein in die Hand. Er muss heute nach Dundee, etwas für die nächste Gruppe vorbereiten. Vereinzeltes Abschiednehmen im Flughafen. Wir sehen uns am Gepäck-Band. In Frankfurt scheint die Sonne. Es ist schön warm.

Wir reisten mit dem Veranstalter Studiosus-Reisen.

Rückblende

Ich denke an Werner Kubsch, dem Gründer von Studiosus. Ich gehöre vermutlich zu den wenigen Reisejournalisten, die ihn noch persönlich kennenlernen durften und die heute noch immer in diesem Beruf tätig sind. Kubsch begann 1949, noch vor der Gründung der Bundesrepublik mit einem Aushang an der Universität München: Studienreise – 15 Tage mit dem Fahrrad durch Italien. 120 Mark. Alles inklusive. 1000 Interessenten meldeten sich und Kubsch gelang unter abenteuerlichen Bedingungen eine der ersten organisierten Italien-Touren. 1954 gründete er Studiosus.

Es war wohl in den 80er Jahren, als ich noch

nahezu jede Pressekonferenz der Reiseveranstalter und Destinationen besuchte. Werner Kubsch war damals schon die Graue Eminenz bei Studiosus und hatte sich offiziell aus dem operativen Geschäft verabschiedet. Aber bei Präsentationen war er gern der willkommene Türöffner, die lebendig gewordene Reiselust. Spannend konnte er erzählen von „seinen" Reisen, von den ausgesuchten Zielen, vom Ambiente und von den Erlebnissen mit seinen Gästen. Vergleichbar mit Luis Trenker musste er manchmal energisch ausgebremst werden, damit seine Marketingleute die für sie wesentlichen und eher nüchternen Fakten des kommenden Reisejahrs vortragen konnten.

Aus jener Zeit stammt auch die Erfindung eines „Senior-Simulators" als Training für Reiseleiter im Verständnis für ältere Gäste. Dabei handelte es sich um einen Overall, der mit Versteifungen und Gewichten versuchte zu simulieren, mit welchen Erschwernissen und Einschränkungen ein alter Mensch zu kämpfen hat, zum Beispiel beim Gehen und Treppensteigen, beim Koffertragen, beim Setzen und Wiederaufstehen, beim Kopf drehen. Dazu gehörten auch eine Brillenkonstruktion, die das Blickfeld einschränkte und verzerrte sowie Ohrenklappen, die das Hören verminderten.

Literatur und Quellen

Schottland, Madeleine Reincke, Baedeker, 2019

Jenseits des Tweed, Theodor Fontane, Anaconda-Verlag, 2019/ 1860

Schottland Reise-Handbuch, Dumont Verlag, 2018

Schottland, Hans-Günter Semsek, Tandem-Verlag, 2016

Schottland, Andreas Braun, Holger Cordes, Antje Großwendt, Reise-Know-How-Verlag , 2018

Großbritannien verstehen, Sympathie Magazine, Studienkreis für Tourismus
Der letzte Whiskey, Carsten Sebastian Henn, Piper-Verlag, 2017, und mehrmals Wikipedia

Weitere Bücher von den Autoren

Norderney im Winter - kein Fall von Toter Hose
Wenn die Weihnachtsbesucher wieder abgereist sind, beginnt auch für die Gäste bis Ostern eine reizvolle Zeit, in der sie mit den Insulanern näher zusammenrücken. Fast alles läuft weiter: Kur- und Badeeinrichtungen, Kino, Conversationshaus, etliche Museen und die meisten der typischen Inselrestaurants.

ISBN; 978-3-7392-4299-6, 7,99 €, E-Book 4,99 €

Azoren – wundersame Inselwelt im Atlantik

Der Archipel der neun Vulkan-Inseln ragt aus den Tiefen des Atlantiks. Wir besuchten die Hauptinsel São Miguel, Horta auf Faial und sehr ausführlich die Insel Pico samt Besteigung des 2.351 Meter hohen Pico, höchster Berg Portugals. Auswanderer-Freunde zeigten uns die reizvollsten Punkte.

ISBN: 978-3-7412-8040-5, 11,99 €, E-Book 4,99 €

Rom – Bernini, Borromini, Caravaggio und viele Skandale

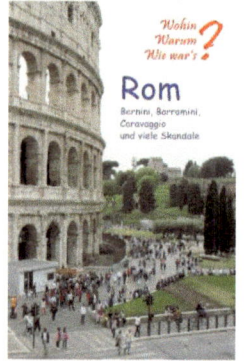

Unterwegs mit einer Kunsthistorikerin erfasste uns die Leidenschaft nach den Kulissen der Antike und berühmter Filme, nach den von Rivalität und tiefem Hass gesteuerten Meisterwerken der Barockbaumeister und nach den Werken Caravaggios, dem wilden cholerischen Maler.

ISBN: 978-3-7448-5660-7, 12,99 €, E-Book 4,99 €

Patagonien – ein aufregendes Ende der Welt

Zwölf neugierige Menschen unterwegs mit SKR auf einer riesigen Distanz. Sie erlebten Buenos Aires, Ushuaia, den Beagle-Kanal, die Naturparks Feuerland und Torre del Paine, Puerto Natales, El Calafate und die Gletscher Gray und Perito Moreno, und auch noch Santiago de Chile und Valparaiso.

ISBN: 978-3-7431-8152-6, 11,99 €, E-Book 5,49 €

Island mit dem Schiff

Anstatt viele tausend Kilometer auf der unwirtlichen Insel mit dem Auto abzureiten, reist es sich bequem mit Schiff und Bus-und Zodiak-Ausflügen zu den berühmten Sehenswürdigkeiten. In zehn Tagen hat man das Wichtigste stressfrei erlebt und dabei gut geschlafen und exzellent gegessen

ISBN: 978-3-7460-3453-9, 12,99 €, E-Book 8,99 €

Zugspitze: Warten auf Panorama

Die Aussicht auf 400 Alpen-gipfel ist weder stündlich noch täglich möglich. Wir beschrieben erlebnisreiche Ausflüge rund um dieses grandiose Zeitfenster, dazu die Varianten, wie man trotz kaputter Seilbahn genussvoll den Gipfel von Deutschlands höchstem Berg erreicht.

ISBN: 978-3-7528-2329-5, 7,99 €, E-Book 4,99 €

Apulien – im Schlaraffenland des Stauferkaisers

Dieser anfängliche trendtours-Alptraum endete

mit viel Begeisterung für Städte, Landschaften und Kulinarik. Wir sahen Matera, Castel Monte, Alberobello, Lecce, Bari, Gallipoli, Martina Franca, Locotorondo, Otranto, Ostuni, Cisternino, die gigantische Castellana Grotte und auch noch Amalfi.

ISBN: 978-3-7528-3887-9, 11,99 €, E-Book 6,99 €

Schicksalsberg Marmolata – mit Fassatal

Das Abenteuer der 18jäh-
rigen, die nach 52 Jahren
nicht im Fedai-Stausee auftau-
te. Spurensuche nach einer
Gletscherspalte, die es nicht
mehr gibt, nach überlebenden
Bergrettern, nach den touristischen Pionieren der Dolomiten und des Fassatals. Ein
Reisebericht voller Mystik und kleiner Wunder.

ISBN 978-3-7481-7279-6, 12,99 €, E-Book 8,49 €

Marroko preiswert + gut

Ein Königreich für unseren
Urlaub. Das klingt verlo-
ckend. Aber in einem ara-
bisch-muslimischen Kultur-
raum ist es erleichternd,
wenn unser Reisebericht Sie
an die Hand nimmt, beim
Besuch von Medinas, Souks
und Moscheen und der vier
Königsstädte Marrakesch, Fès, Meknes und
Rabat. Wir reisten mit RSD.

ISBN: 978-3-7481-9206-0, 13,99 €, E-Book 8,99

Gardasee auf die Billigtour

Es gibt Reisen, über die kann man nur noch schmunzeln. Aber selber schuld, wenn man am Geld spart.

Wenn das Essen gerade noch zum Fotografieren taugt und die Reiseleiterin, um sie auf den Mond zu schießen. Wir haben uns trotzdem amüsiert in Limone, Malcésine, auf der Halbinsel Sirmione und besonders in der Arena von Verona. Aber ein Trendtours-Angebot kommt nie wieder auf den Tisch.

ISBN 978-3-7392-4299-6, 6,99 €
E-Book 3,49 €

Unbekanntes Mittel-Irland

Von Dublin zu den Aran-Inseln. Diese Reise gibt es in keinem Katalog. Ziele und Routen entsprangen

Eckhard Ladner, ein schwäbischer Sozialwissenschaftler, der seit 35 Jahren in Irland lebt und für Gruppen den Busdriver und Reiseführer gibt. Die Route führt von Dublin nach Mullagh, Laughcrew zur Normannenburg Trim Castle, nach Tullamore und Athenry, zur Aran-Insel Inisheer, nach Graggaunowen, Galway, Loop Head am Mouth of the Shannon und nach Kilkenny.

ISBN 978-3-7481-9700-3, 11,99 €, E-Book 5,49 €